채근담(菜根譚)

신흥식 역주

채근담(菜根譚)

©신흥식, 2018

1판 1쇄 인쇄__2018년 01월 20일
1판 1쇄 발행__2018년 01월 30일

역주자__신흥식
펴낸이__홍정표
펴낸곳__글로벌콘텐츠
　　　　등록__제25100-2008-24호

공급처__(주)글로벌콘텐츠출판그룹
　　　　대표이사__홍정표　편집디자인__김미미　기획·마케팅__노경민 이종훈
　　　　주소__서울특별시 강동구 풍성로 87-6 201호
　　　　전화__02) 488-3280　팩스__02) 488-3281
　　　　홈페이지__http://www.gcbook.co.kr

값 18,000원
ISBN 979-11-5852-170-7 03150

채근담
菜根譚

신흥식 역주

글로벌콘텐츠

채근담(菜根譚)은 명(明)나라 말기(末期)의 문인(文人) 홍응명(洪
應明), 자(字)가 자성(自誠)이 지은 책으로 사상(思想)은 유교(儒敎)
에 뿌리를 두었고 도교(道敎)와 불교(佛敎)의 사상(思想)을 인용하
였다. 그에 대해서는 알려진 것이 없고 우공겸(于孔兼)이 제사(題
詞)에서 소개한 단면(單面)으로 짐작할 뿐이다.

대개 전집(前集) 225편에 후집(後集) 134편, 총 359편으로 소개되
었는데, 대만(臺灣) 삼민서국(三民書局) 본을 참고하여 후집 70편
을 두 편으로 나누어서 전집 225편에 후집 135편, 모두 360편으로
묶었다.

전집은 임기응변(臨機應變)과 처세(處世)에 대한 글로 삶의 경영
(經營)과 관리(管理), 수양(修養)에 대한 지침서이고 후집은 주로 은
퇴(隱退)한 후에 산림(山林)에서 유유자적(悠悠自適)하는 삶과 도
교(道敎)의 무위(無爲) 사상(思想)이나 불교(佛敎)의 선(禪)에 대한
어록(語錄)을 담았다.

채근담(菜根譚)은 나에게 숲속의 옹달샘과 같아서 한 모금이면
목마름을 가시게 했고, 어느 땐 한 줄기 솔바람이 되어 나른하게

지친 이 몸에 활력(活力)이 되었으며, 때로는 펄펄 끓는 용광로(鎔鑛爐)가 되어 나태(懶怠)해진 심신(心身)을 단련(鍛鍊)해 주었다.

소동파(蘇東坡)의 여산(廬山)이라는 시(詩)에,
"여산을, 모로 보면 고개요.
앞에서 보면 봉우리라."
했는데 채근담(菜根譚)도 희비애락(喜悲哀樂)의 정황(情況)마다 울림이 사뭇 다르다.

삼백예순 편편이 맑고 아름다운 향기(香氣)로 삶의 굽이마다 메아리가 되소서!

2018년 1월 5일.
유마강원에서 신흥식 삼가 쓰다

▮ 목차

[維摩講院 寒照 辛興植 譯書]

1. 무구정광대다라니경(無垢淨光大陀羅尼經), 2007.

2. 경허집(鏡虛集), 2014.

3. 불조직지심체요절(佛祖直指心體要節), 2015.

4. 법구경(法句經), 2015.

5. 노자도덕경(老子道德經). 2016.

[참고문헌(參考文獻)]

1. 채근담(菜根譚) : 대만 삼민서국(台灣 三民書局). 2008

[일러두기]

1. 번역의 편의를 위하여 부득이 따옴표 " "로 추임새를 넣었다.

2. 평서문(平敍文)을 때로는 가정문(假定文)이나 의문문(疑問文)으로 번역
   하였다.

제사

題詞

逐客孤蹤 屛居蓬舍 樂與方以內人遊
축 객 고 종 병 거 봉 사 낙 여 방 이 내 인 유

不樂與方以外人遊也 妄與千古聖賢
불 락 여 방 이 외 인 유 야 망 여 천 고 성 현

置辯於五經同異之間 不妄與二三小子
치 변 어 오 경 동 이 지 간 불 망 여 이 삼 소 자

浪跡於雲山變幻之麓也
낭 적 어 운 산 변 환 지 록 야

日與漁父田夫 朗吟唱和於五湖之濱綠野之坳
일 여 어 부 전 부 낭 음 창 화 어 오 호 지 빈 록 야 지 요

不日與競刀錐榮升斗者
불 일 여 경 도 추 영 승 두 자

交臂抒情於冷熱之場 腥羶之窟也
교 비 서 정 어 냉 열 지 장 성 전 지 굴 야

間有習濂洛之說者牧之
간 유 습 염 낙 지 설 자 목 지

習竺乾之業者闢之 爲譚天雕龍之辯者遠之
습 축 건 지 업 자 벽 지 위 담 천 조 룡 지 변 자 원 지

此足以畢予山中伎倆矣
차 족 이 필 여 산 중 기 량 의

適有友人洪自誠者 持菜根譚 示予 且丐予序
적 유 우 인 홍 자 성 자 지 채 근 담 시 여 차 개 여 서

予始訑訑然視之耳
여 시 이 이 연 시 지 이

旣而徹几上陳編 屛胸中雜慮 手讀之
기 이 철 궤 상 진 편 병 흉 중 잡 려 수 독 지

則覺其譚性命 直入玄微 道人情
즉 각 기 담 성 명 직 입 현 미 도 인 정

曲盡岩險 俯仰天地 見胸次之夷猶 塵芥功名
곡 진 암 험 부 앙 천 지 견 흉 차 지 이 유 진 개 공 명

知識趣之高遠 筆底陶鑄
지 식 취 지 고 원 필 저 도 주

無非綠樹青山 口吻化工 盡是鳶飛魚躍
무 비 녹 수 청 산 구 문 화 공 진 시 연 비 어 약

此其自得何如 固未能深信
차 기 자 득 하 여 고 미 능 심 신

而據所摛詞 悉砭世醒人之喫緊
이 거 소 이 사 실 폄 세 성 인 지 끽 긴

非入耳出口之浮華也 譚以菜根名
비 입 이 출 구 지 부 화 야　담 이 채 근 명

固自清苦歷練中來 亦自栽培灌溉裡得
고 자 청 고 역 련 중 래　역 자 재 배 관 개 리 득

其顚頓風波 備嘗險阻 可想矣
기 전 돈 풍 파　비 상 험 조　가 상 의

洪子曰
홍 자 왈

"天勞我以形 吾逸吾心以補之 天阨我以遇
천 로 아 이 형　오 일 오 심 이 보 지　천 액 아 이 우

吾亨吾道以通之"
오 형 오 도 이 통 지

其所自警自力者 又可思矣 由是 以數語辯之
기 소 자 경 자 력 자　우 가 사 의　유 시　이 수 어 변 지

俾公諸人人
비 공 제 인 인

知菜根中有眞味也
지 채 근 중 유 진 미 야

三峰主人 于孔兼 題
삼 봉 주 인　우 공 겸　제

채근담의 책 이름에 대한 글

찾아오는 손님을 쫓고 외롭게 띠 집에 숨어 살며 유가(儒家)의 선비와는 교류(交流)하고 지냈으나 그 밖의 사람들과는 어울리지 않았다.

내 멋대로 천고(千古)의 성현(聖賢)과 오경(五經)에 대해서 동감(同感)도 하고 때로는 이론(異論)에 대해서는 반론을 제기하였다. 짬이 나면 두서너 아이들과 더불어 구름과 안개 자욱한 산자락을 헤치고 다니며 어떤 날은 어부(漁父)와 농사꾼과 더불어 오호(五湖)의 물가나 푸른 들녘을 누비며 시(詩)를 읊고 노래로 화답(和答)하며 어울리지만 한 점의 이익(利益) 때문에 다투고 얼마 안 되는 봉록(俸祿)을 영화(榮華)로 여기는 변덕스럽고 추악한 소굴에는 가까이 하지 않는다.

간혹 송대(宋代) 이학(理學)에 대하여 염계(濂溪) 주돈이(周敦頤)와 낙양(洛陽)의 정호(程顥), 정이(程頤) 형제(兄弟)의 설(說)을 배우려는 자들은 거두어 주고 천축(天竺)에서 건너온 불교(佛敎)에 대

하여 배우려는 자들도 깨우쳐 주었지만 엉뚱하게 하늘을 논(論)하거나 터무니없이 문자(文字)를 과장(誇張)하는 자들은 멀리 하였고 이를 만족하게 여기며 이로써 나의 산중생활에 재능을 펴며 유유자적(悠悠自適)하였다.

마침 나의 벗에 홍자성(洪自誠)이란 이가 있는데 그가 저서(著書) 『채근담(菜根譚)』을 가지고 와서 나에게 보여주며 또 서문(序文)까지 부탁하였다.

나는 비로소 득의양양(得意揚揚)하여 흔쾌(欣快)히 살펴보게 되었는데 이미 책상 위에 펼쳐놓았던 책들과 가슴속의 잡념(雜念)을 물리치고 책장을 넘기며 읽어보노라니 곧 채근담(菜根譚)의 성정(性情)과 천명(天命)이 매우 현묘(玄妙)한 경지(境地)에 들어있었고 인정(人情)에 대하여 말한 것도 간곡(懇曲)하니 고준(高峻)하였다.

하늘을 우러르고 땅을 굽어보며 가슴에 온화한 기운과 흐뭇한 마음을 품고서 공명(功名)을 티끌처럼 여겨온 것이 배어 있었는데 그의 의식(意識)과 취지(趣旨)가 대단히 훌륭함을 알게 되었다. 붓 끝에서 다듬어진 글들이 녹수청산(綠樹靑山)이 아닌 것이 없었고 입으로 이루어낸 말들도 모두 이대로 연비어약(鳶飛魚躍)이었으니 여기 그가 스스로 얻어낸 경지(境地)가 어찌 이럴 수 있었던가?

진실로 아직 『채근담』을 제대로 깊이 파악하지 못했지만 그가 펼쳐놓은 말에 의거하면 모두가 세상에 약(藥)이 되고 사람을 깨우쳐 주는 긴요(緊要)한 방편(方便)이었다. 귀로 흘려듣거나 입에 오르내리다 덧없이 사라져서는 아니 되리라.

이 "담(譚)"을 이로써 채근(菜根)이라고 이름을 짓게 되었으니 진실로 청고(淸苦)를 겪으며 수련(修練)하는 가운데 이루어낸 것이요. 또한 스스로 재배(栽培)하고 물주며 가꾸는 속에서 얻어진 것이니 그가 얼마나 풍파(風波)와 곤경(困境)에 시달리며 모질고 험한 고통을 겪었을지 가히 상상할 수 있으리라.

홍자성(洪自誠)이 이르기를,
"하늘이 내 몸을 수고롭게 하면 나는 내 마음을 편히 하여 이로써 보충(補充)할 것이요. 하늘이 나의 처지를 곤궁(困窮)하게 하면 나는 나의 도(道)를 형통(亨通)하여 이로써 통(通)하게 하리라."
고 하였으니 그가 스스로 경계(警戒)하고 스스로 힘써왔던 바를 또한 가히 짐작할 수 있으리라.

이로 말미암아 몇 마디 글로 지어서 이글을 읽는 사람들로 하여금 채근담(菜根譚) 가운데 인생(人生)의 참된 의미가 있음을 알리고자 한다.

삼봉주인 우공겸 쓰다.

前集

001.

棲守道德者 寂寞一時
서 수 도 덕 자　　적 막 일 시

依阿權勢者 凄凉萬古
의 아 권 세 자　　처 량 만 고

達人 觀物外之物 思身後之身
달 인　관 물 외 지 물　　사 신 후 지 신

寧受一時之寂寞 毋取萬古之凄凉
영 수 일 시 지 적 막　　무 취 만 고 지 처 량

도덕(道德)1)을 지키며 살아가는 자는

한 때가 적막(寂寞)할 뿐이지만

권세(權勢)에 의지하고 아부(阿附)하는 자는

만고에 처량(凄凉)하니라.

"도(道)에" 통달한 사람은 사물(事物)밖의 사물(事物)을 보고

---

1) 도덕(道德): 인류의 대도(大道). 인간으로서 마땅히 지켜야 할 도리와 덕(德).

棲守道德者、寂寞一時。依阿權勢者凄
涼萬古。達人觀物外之物、思身後之身、寧
受一時之寂寞、無取萬古之凄涼。

菜根譚・前集・一、

도덕을 지키며 살아가는 자는
한때가 적막할 뿐이지만
권세에 의지하고
아부하는 자는
도에 통달한 사람은
사물 밖의 사물을 보고
몸이 다한 뒤의
몸을 생각하나니
차라리 한때의
적막함을
감수할지언정
만고에 처량함은
취하지 말아
야 하느
니라.

몸이 다한 뒤의 몸을 생각 하나니
차라리 한 때의 적막(寂寞)함을 감수할지언정
만고에 처량(凄涼)함은 취하지 말아야 하느니라.

002.

涉世淺 點染亦淺 歷事深 機械亦深
섭 세 천　점 염 역 천　역 사 심　기 계 역 심

故君子 與其練達 不若樸魯 與其曲謹 不若疎狂
고 군 자　여 기 연 달　불 약 박 로　여 기 곡 근　불 약 소 광

세상을 얕게 건너면

더러움도 또한 얕게 물들고

일을 겪은 것이 깊으면

기교(技巧)도 또한 깊기 마련이니라.

그러므로 군자(君子)는 단련되고 숙달(熟達)되기보다는

질박(質樸)하느니만 같지 못하다 하고

그렇게 삼가고 조심하기보다는

소탈하느니만 같지 못하다 하느니라.

003.

君子之心事 天青日白 不可使人不知
군 자 지 심 사　천 청 일 백　불 가 사 인 부 지

君子之才華 玉韞珠藏 不可使人易知
군 자 지 재 화　옥 온 주 장　불 가 사 인 이 지

군자(君子)의 마음가짐은

푸른 하늘의 태양과 같이 하여

사람들로 하여금 알지 못하게 하여서는 아니 되고

군자(君子)의 재주는

주옥(珠玉)이 바위 속에 감추어진 것과 같이 하여

사람들로 하여금 쉽게 알지 못하게 해야 하느니라.

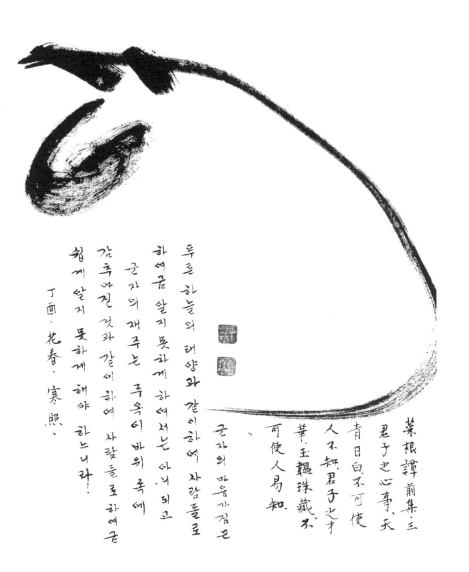

菜根譚 前集·三

君子之心事, 天

青日白不可使

人不知君子之才

華玉韞珠藏不

可使人易知

· 군자의 마음가짐은

푸른 하늘의 태양과 같이하여 사람들로

하여금 알지 못하게 하여서는 아니 되고

군자의 재주는 구슬이 바위 속에

감추어진 것과 같이 하여 사람들로 하여금

쉽게 알지 못하게 해야 하느니라!

丁酉 · 花春 · 寒照 、

004.

勢利紛華 不近者爲潔
세 리 분 화　불 근 자 위 결

近之而不染者爲尤潔
근 지 이 불 염 자 위 우 결

智械機巧 不知者爲高
지 계 기 교　부 지 자 위 고

知之而不用者爲尤高
지 지 이 불 용 자 위 우 고

　　권세(權勢)와 명리(名利)와 사치(奢侈)는

　　가까이 하지 않는 자를 결백(潔白)하다 하고

　　가까이 하면서도 물들지 않는 자를 더욱 결백(潔白)하다 하고

　　권모(權謀)와 술수(術手)는

　　알지 못하는 자를 고상(高尙)하다고 하나

　　알고도 사용하지 않는 자를 더욱 고상(高尙)하다고 하느니라.

005.

耳中常聞逆耳之言
이 중 상 문 역 이 지 언

心中常有拂心之事
심 중 상 유 불 심 지 사

纔是進德修行的砥石
재 시 진 덕 수 행 적 지 석

若言言悅耳 事事快心
약 언 언 열 이 사 사 쾌 심

便把此生埋在鴆毒中矣
편 파 차 생 매 재 짐 독 중 의

귀로는 항상 거슬리는 말을 들어야 하고

마음은 늘 마음을 꺼리게 하는 일이 있어야 하나니

겨우 이것이 덕(德)과 행실(行實)을 닦는 숫돌이 되느니라.

만약 말마다 귀를 기쁘게 하거나

일마다 마음을 흔쾌(欣快)히 하기를 바란다면

문득 자기의 인생을 송두리째 묶어서

짐(鴆)새2)의 독(毒)에 묻는 것이 되느니라.

---

2) 짐(鴆)새: 강한 독(毒)이 있다는 전설(傳說) 속의 새.

菜根譚、前集、五

若言言悅耳、事事快心、便把此生埋在鴆毒中矣。

耳中常聞逆耳之言、心中常有拂心之事、纔是進德修行的砥石。

귀로는 항상 거슬리는 말을 들어야 하고, 마음은 늘 마음을 꺼리게

하는 일이 있어야 하나니 겨우 이것이 덕과 행실을 닦는 숫돌이

되느니라. 만약 말마다

귀를 기쁘게 하거나

일마다 마음을

흔쾌히

하기를

바란다면

문득

자기의 인생을 송두리째 묶어서 짐새와 독에 묻는것이 되느니라

006.

疾風怒雨 禽鳥戚戚
질 풍 노 우 금 조 척 척

霽日光風 草木欣欣
제 일 광 풍 초 목 흔 흔

可見天地不可一日無和氣 人心不可一日無喜神
가 견 천 지 불 가 일 일 무 화 기 인 심 불 가 일 일 무 희 신

거칠고 성난 비바람에는

새들도 신음하고 두려워하며

갠 날 햇빛과 바람에는

풀과 나무도 기뻐하나니

가히 보았으리라.

하늘과 땅은 하루라도 온화(溫和)한 기운이 없어서는 아니 되고

사람의 마음도 하루라도 기뻐하는 정신이 없어서는 아니 되느니라.

007.

醲肥辛甘非眞味 眞味只是淡
농 비 신 감 비 진 미   진 미 지 시 담

神奇卓異非至人 至人只是常
신 기 탁 이 비 지 인   지 인 지 시 상

진한 술, 기름진 고기, 맵고 단맛은

참된 맛이 아니니

참된 맛이란 다만 이대로 담백(淡白)한 맛이니라.

신기(神奇)하고 탁월(卓越)해야

지극한 사람이 아니고

지극한 사람은 다만 이대로 떳떳할 뿐이니라.

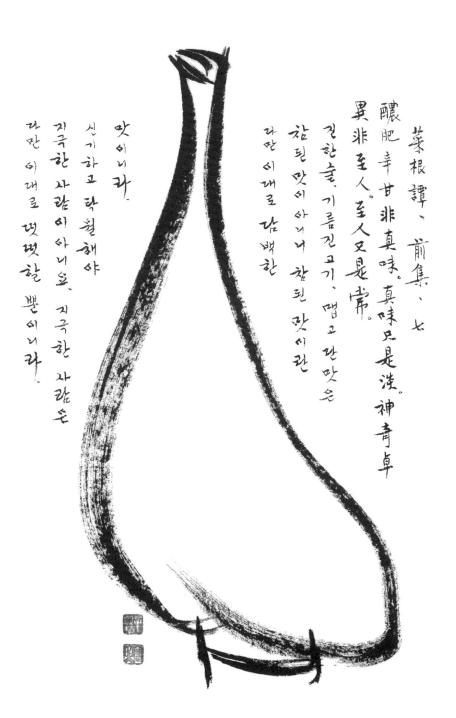

菜根譚、前集、七

醲肥辛甘非眞味, 眞味只是淡。神奇卓

異非至人。至人只是常。

진한 술, 기름진 고기, 맵고 단맛은

참된 맛이 아니다. 참된 맛이란

다만 이대로 담백한

맛이니라.

신기하고 탁월해야

지극한 사람이 아니요, 지극한 사람은

다만 이대로 떳떳할 뿐이니라.

008.

天地寂然不動 而氣機無息少停
천 지 적 연 부 동 이 기 기 무 식 소 정

日月晝夜奔馳 而貞明萬古不易
일 월 주 야 분 치 이 정 명 만 고 불 역

故君子 閒時要有喫緊的心思
고 군 자 한 시 요 유 끽 긴 적 심 사

忙處要有悠閒的趣味
망 처 요 유 유 한 적 취 미

천지(天地)는 고요하여 움직이지 않는 것 같으나

기상(氣象)과 기틀이 잠시도 멈추거나 쉴 때가 없고

해와 달은 밤낮으로 분주하게 달리나

곧은 궤도와 광명을 만고(萬古)에 바꾸지 않느니라.

그러므로 군자는 한가할 때에 긴박한 상황을 생각해 두어야 하고

바쁜 곳에서 유연하고 한가한 취미를 지닐 수 있어야 하느니라.

009.

夜深人靜 獨坐觀心
야 심 인 정　독 좌 관 심

始覺妄窮而眞獨露 每於此中得大機趣
시 각 망 궁 이 진 독 로　매 어 차 중 득 대 기 취

旣覺眞現而妄難逃 又於此中得大慚忸
기 각 진 현 이 망 난 도　우 어 차 중 득 대 참 뉴

밤이 깊고 인적이 고요할 때

홀로 앉아 마음을 관(觀)하면

비로소 망령(妄靈)된 생각이 다하고

참된 마음이 홀로 드러나고 있음을 깨닫게 되나니.

매양 이렇게 하는 가운데

큰 작용을 얻게 되느니라.

이미 깨달아서 참 마음이 나타나야 하는데

망령된 생각에서 벗어나기 어려우면

또한 이 가운데

크게 부끄러워해야 하느니라.

菜根譚、前集、九

夜深人靜獨坐觀心、始覺妄窮而真獨露、每於此中得
大機趣、旣覺真現而妄難逃、又於此中得大慚忸。

밤이 깊고 인적이 고요할 때、홀로 앉아 마음을

관하면 비로소 망령된 생각이 다하고

참된 마음이 홀로 드러나고 있음을 깨닫게 되나니

매양 이렇게 하는 가운데

큰 기틀을 얻게

되느니라、이미 깨달아서

참마음이 나타나야 하는데

망령된 생각에서 벗어나기 어려우면

또한 이 가운데 크게 부끄러워해야 하느니라。

010.

恩裡由來生害 故快意時須早回頭
은 리 유 래 생 해　고 쾌 의 시 수 조 회 두

敗後或反成功 故拂心處莫便放手
패 후 혹 반 성 공　고 불 심 처 막 편 방 수

은혜(恩惠)에서

해(害)를 끼치기도 하나니

그러므로 혼쾌할 때에

모쪼록 일찍 고개를 돌려야 하고

실패(失敗)한 뒤에

혹 돌이켜 공(功)을 이루기도 하나니

그러므로 마음에 거슬리는 곳이라도

갑자기 손을 떼지 말아야 하느니라.

011.

藜口莧腸者 多氷淸玉潔
여 구 현 장 자　 다 빙 청 옥 결

袞衣玉食者 甘婢膝奴顔
곤 의 옥 식 자　 감 비 슬 노 안

蓋志以澹泊明 而節從肥甘喪也
개 지 이 담 박 명　 이 절 종 비 감 상 야

　　명아주 국에 비름나물로 창자를 채우는 자는

　　얼음처럼 맑고 옥(玉)처럼 고결(高潔)한 사람이 많고

　　비단 옷에 기름진 음식을 먹는 자는

　　노비처럼 굽실거리고 종처럼 아첨하는 것도 달게 여기나니

　　대저 지조(志操)란 담박(澹泊)하면 뚜렷해지고

　　절개는 기름지고 단맛을 쫓게 되면 잃게 되느니라.

菜根譚、前集、十一

藜口莧腸者、多氷清玉潔、袞衣玉食者、甘婢膝奴顏、蓋志以澹泊明、而節從肥甘喪也。

명아주 국에 비름나물로 창자를
채우는 가는, 얼음처럼 맑고
옥처럼 고결한 사람이 많고
비단 옷에 기름진 음식을
먹는 가는, 노비처럼 굽실
거리고 종처럼 아첨하는
것도 달게 여기나니
대저 지조관 담백하면 뚜렷해
지고, 절개는 기름지고 단맛을
쫓게 되면 잃게 되느니라.

012.

面前的田地要放得寬 使人無不平之歎
면 전 적 전 지 요 방 득 관　사 인 무 불 평 지 탄

身後的惠澤要流得長 使人有不匱之思
신 후 적 혜 택 요 유 득 장　사 인 유 불 궤 지 사

살아생전의 마음은

요컨대 활짝 열어서 너그럽게 해야 하나니

사람들로 하여금 불평으로

탄식하는 일이 없어야 하고

죽은 뒤의 은혜(恩惠)는

길게 흘러가야 하니

사람들로 하여금

부족(不足)하지 않다는 생각이 들게 해야 하느니라.

013.

徑路窄處 留一步與人行
경 로 착 처　유 일 보 여 인 행

滋味濃的 減三分讓人嘗
자 미 농 적　감 삼 분 양 인 상

此是涉世一極安樂法
차 시 섭 세 일 극 안 락 법

작은 길 좁은 곳에서는

한 발짝 양보(讓步)하여 사람들과 함께 다녀야 하고

맛이 훌륭한 것은

십 분의 삼은 덜어내어

사람들에게 양보하여 맛보게 해야 하니

여기 이것이 세상을 살아가는

하나의 지극히 안락(安樂)한 법(法)이니라.

014.

作人無甚高遠事業 擺脫得俗情便入名流
작 인 무 심 고 원 사 업　파 탈 득 속 정 편 입 명 류

爲學無甚增益工夫 減除得物累便超聖境
위 학 무 심 증 익 공 부　감 제 득 물 루 편 초 성 경

사람됨이

심히 뛰어난 사업(事業)을 한 것이 없더라도

세속(世俗)의 정리(情理)에서 벗어날 수 있다면

문득 명사(名士)의 반열에 들어간 것이요.

학문(學問)에

깊이 쌓아온 공부(工夫)가 없을지라도

물욕(物慾)을 억제할 수 있다면

문득 성인(聖人)의 경계를 뛰어넘은 것이니라.

015.

交友須帶三分俠氣 作人要存一點素心
교 우 수 대 삼 분 협 기　작 인 요 존 일 점 소 심

벗을 사귐에는

모쪼록 십분(十分)의 삼(三)은

의협심(義俠心)을 지녀야 하고

사람됨에는

반드시 한 점의 소박(素朴)한 마음을 지녀야 하느니라.

016.

寵利毋居人前 德業毋落人後
총 리 무 거 인 전　덕 업 무 락 인 후

受享毋踰分外 修爲毋減分中
수 향 무 유 분 외　수 위 무 감 분 중

총애(寵愛)와 이익(利益)에는

남의 앞에 나서지 말아야 하고

덕(德)을 쌓는 일에는

남의 뒤에 처지지 말아야 하느니라.

남에게 받아서 누릴 때에는

분수(分數) 밖으로는 넘지 말아야 하고

수양(修養)할 때는

분수(分數) 안으로는 줄이지 말아야 하느니라.

017.

處世讓一步爲高 退步卽進步的張本
처 세 양 일 보 위 고　　퇴 보 즉 진 보 적 장 본

待人寬一分是福 利人實利己的根基
대 인 관 일 분 시 복　　이 인 실 이 기 적 근 기

세상을 살아감에

한 발짝 양보(讓步)하는 것이 뛰어난 것이니

한 발짝 물러나는 것은

곧 한 발짝 나아가는 근본(根本)이 되느니라.

사람을 대함에는

한 푼의 너그러움이 있어야 이것이 복(福)이 되나니

남을 이롭게 하는 것이

실은 자기(自己)를 이롭게 하는 근본(根本)이 되느니라.

018.

蓋世功勞 當不得一箇矜字
개 세 공 로　　당 부 득 일 개 긍 자

彌天罪過 當不得一箇悔字
미 천 죄 과　　당 부 득 일 개 회 자

세상을 덮을만한 공(功)이라도

뽐낼 긍(矜), 한 글자를 당해내지 못하고

하늘을 가릴만한 죄(罪)와 허물이라도

뉘우칠 회(悔), 한 글자를 당하지 못하느니라.

019.

完名美節 不宜獨任 分些與人 可以遠害全身
완명미절 불의독임 분사여인 가이원해전신

辱行汚名 不宜全推 引些歸己 可以韜光養德
욕행오명 불의전추 인사귀기 가이도광양덕

완전한 명예(名譽)와 아름다운 절개(節槪)는

홀로 차지하는 것은 마땅치 않으니

조금은 나누어서 남에게 주어야

가히 이로써 해(害)를 멀리하고 몸을 온전하게 하느니라.

욕된 행위와 더러운 이름은

전부 남에게 미루는 것은 마땅치 않으니

조금은 끌어다가 자기에게 돌려야

가히 이로써 빛을 지니고 덕(德)을 기르는 것이니라.

020.

事事留個有餘不盡的意思
사사유개유여부진적의사

便造物不能忌我 鬼神不能損我
편조물불능기아 귀신불능손아

若業必求滿 功必求盈者 不生內變 必召外憂
약업필구만 공필구영자 불생내변 필소외우

일마다 얼마만큼의 여유(餘裕)를 두어

생각한 대로 다 되지 않을 것이라 남겨두면

문득 조물주(造物主)도 능히 나를 시기(猜忌)하지 않을 것이며

귀신(鬼神)도 능히 나를 해치지 못하느니라.

만약 사업(事業)이 반드시 원만(圓滿)하기를 구한다거나

공(功)이 반드시 채워지기를 바라는 자는

안에서 변고(變故)가 생기지 않으면

반드시 밖에서 근심을 부르게 되느니라.

021.

家庭有個眞佛 日用有種眞道
가 정 유 개 진 불　 일 용 유 종 진 도

人能誠心和氣 愉色婉言
인 능 성 심 화 기　 유 색 완 언

使父母兄弟間形骸兩釋 意氣交流
사 부 모 형 제 간 형 해 양 석　 의 기 교 류

勝於調息觀心萬倍矣!
승 어 조 식 관 심 만 배 의

가정에는 개개(箇箇)의 참된 부처가 있고

일상(日常)의 작용(作用)에는 참된 도(道)의 씨앗이 있느니라.

사람이 능히 성실(誠實)한 마음과 화목(和睦)한 기운에

화사한 얼굴빛과 부드러운 말씨로

부모 형제간으로 하여금

상황마다 서로 풀어주고

의기(意氣)를 교류(交流)하며 사는 것이

"수행한다 하여"

숨을 고르고 마음을 관(觀)하는 것보다 만 배는 나으니라.

022.

好動者雲電風燈 嗜寂者死灰槁木
호 동 자 운 전 풍 등　기 적 자 사 회 고 목

須定雲止水 中有鳶飛魚躍氣象 纔是有道的心體
수 정 운 지 수　중 유 연 비 어 약 기 상　재 시 유 도 적 심 체

"수행한다 하여"

움직이기를 좋아하는 자는

구름 속의 번개와 바람 앞의 등불과 같으며

고요를 즐기는 자는

불 꺼진 재와 고목(枯木)나무와 같으니라.

모름지기 구름 멎고 물이 그친 속에

솔개 날고 고기 뛰노는 기상(氣象)이 있어야 하니

겨우 이것이 도(道)를 지닐 수 있는 마음의 바탕이라 하느니라.

023.

攻人之惡毋太嚴 要思其堪受
공 인 지 악 무 태 엄　요 사 기 감 수

教人以善毋過高 當使其可從
교 인 이 선 무 과 고　당 사 기 가 종

남의 나쁜 점을 꾸짖더라도

지나치게 엄(嚴)하게 하지 말아야 하니

그것을 감당해 낼만한 지를 생각해야 하고

남에게 선(善)으로 가르치더라도

지나치게 차원을 높게는 말아야 하니

그것으로 하여금 따를 만하게 해야 하느니라.

024.

糞蟲至穢　變爲蟬而飮露於秋風
분 충 지 예　변 위 선 이 음 로 어 추 풍

腐草無光　化爲螢而耀采於夏月
부 초 무 광　화 위 형 이 요 채 어 하 월

固知潔常自汚出　明每從晦生也
고 지 결 상 자 오 출　명 매 종 회 생 야

굼벵이는 지극히 더럽다 하나
변태(變態)하여 매미가 되고
가을바람에 이슬을 마시느니라.
썩은 풀에는 빛이 없으나
변화(變化)하여 반딧불이 되어서
여름밤에 반짝이느니라.
제대로 알아야 할 것은
깨끗함이 늘 더러움으로부터 나오고
밝음이 매양 어두움을 쫓아 생기느니라.

025.

矜高倨傲 無非客氣
긍 고 거 오 　 무 비 객 기

降伏得客氣下 而後正氣伸
항 복 득 객 기 하 　 이 후 정 기 신

情欲意識 盡屬妄心 消殺得妄心盡 而後眞心現
정 욕 의 식 　 진 속 망 심 　 소 살 득 망 심 진 　 이 후 진 심 현

　　뽐냄과 거만은

　　객기(客氣)가 아닌 것이 없으니

　　객기를 항복(降伏)하면

　　다음에 바른 기운이 펼쳐지게 되느니라.

　　욕망(欲望)과 의식(意識)3)은

　　모두 망령된 마음에 속하는 것인데

　　소멸하여 망령된 마음이 다하면

　　이후에 참된 마음이 나타나게 되느니라.

026.

飽後思味 則濃淡之境都消
포 후 사 미 　 즉 농 담 지 경 도 소

色後思婬 則男女之見盡絶
색 후 사 음 　 즉 남 녀 지 견 진 절

故人常以事後之悔悟 破臨事之癡迷
고 인 상 이 사 후 지 회 오 　 파 임 사 지 치 미

則性定而動無不正
즉 성 정 이 동 무 부 정

---

3) 의식(意識): 깨어있는 상태에서 자기 자신이나 사물에 대하여 인식하는 것.

배부른 뒤에 음식의 맛을 생각하면

곧 맛이 있고 없고의 경계(境界)가 모두 사라지게 되고

관계한 뒤에 음탕(淫湯)한 생각을 하더라도

곧 남녀(男女)에 대한 견해가 모두 끊어지느니라.

그러므로 사람들이

항상 일이 끝난 다음의 뉘우침과 깨달음으로

일을 시작할 때의 어리석음을 타파(打破)하게 되면

곧 본성(本性)이 안정되어

움직일 때마다 바르지 않은 것이 없느니라.

027.

居軒冕之中 不可無山林的氣味
거 헌 면 지 중 불 가 무 산 림 적 기 미

處林泉之下 須要懷廊廟的經綸
처 임 천 지 하 수 요 회 낭 묘 적 경 륜

관직(官職)에 몸담고 있을지라도

자연(自然)에 대한 취미(趣味)가 없어서는 아니 되고

숲속에 묻혀 살더라도

모름지기 조정에 대한 경륜(經綸)4)은 품고 살아야 하느니라.

---

4) 경륜(經綸): 포부를 가지고 일을 조직적으로 계획함.

028.

處世不必邀功 無過便是功
처 세 불 필 요 공　무 과 편 시 공

與人不求感德 無怨便是德
여 인 불 구 감 덕　무 원 편 시 덕

세상을 살아감에

반드시 공(功)을 이루어야 되는 것은 아니니

허물이 없으면 문득 이것이 공(功)이요.

남에게 베풀더라도

덕(德)에 감사하기를 바라지 말아야 하니

원망(怨望)이 없으면 문득 이것이 덕(德)이니라.

029.

憂勤是美德 太苦則無以適性怡情
우 근 시 미 덕　태 고 즉 무 이 적 성 이 정

澹泊是高風 太枯則無以濟人利物
담 박 시 고 풍　태 고 즉 무 이 제 인 이 물

근심하고 부지런함은 이대로 아름다운 덕이나

지나치게 괴롭힌즉

이로써는 본성(本性)에 맞는 흐뭇한 감정이 없어지게 되느니라.

담박(澹泊)함은 이대로 고상한 풍류(風流)5)라 하나

지나치게 메마른즉

이로써 사람을 제도(制度)하고 사물을 이롭게 할 수 없느니라.

---

5) 풍류(風流): 속된 일을 떠나 풍치가 있고 멋스럽게 노는 일.

030.

事窮勢蹙之人 當原其初心
사 궁 세 축 지 인　당 원 기 초 심

功成行滿之士 要觀其末路
공 성 행 만 지 사　요 관 기 말 로

　　일이 막혀 궁색(窮塞)한 사람은

　　마땅히 초심(初心)으로 돌아가야 하고

　　공(功)을 이루어 원만(圓滿)해진 사람은

　　요컨대 그 말로(末路)를 볼 줄 알아야 하느니라.

031.

富貴家宜寬厚而反忌刻 是富貴而貧賤其行矣
부 귀 가 의 관 후 이 반 기 각　시 부 귀 이 빈 천 기 행 의

如何能享?
여 하 능 향

聰明人宜斂藏而反炫耀 是聰明而愚懵其病矣
총 명 인 의 염 장 이 반 현 요　시 총 명 이 우 몽 기 병 의

如何不敗?
여 하 불 패

부귀(富貴)한 집은

마땅히 너그럽고 후(厚)해야 하거늘

도리어 시기(猜忌)하고 각박(刻薄)하면

이는 부(富)하고 귀(貴)하면서

가난하고 천(賤)하게 그가 행동하는 것이니

어찌 "부귀를" 능히 누릴 수 있겠는가?

총명(聰明)한 사람은

마땅히 "재주를" 거두어 감추어야 하거늘

도리어 뽐낸다면

이는 총명하면서

어리석고 우매하게 그가 병든 것이니

어찌 실패하지 않을 수 있겠는가?

032.

居卑而後知登高之爲危　處晦而後知向明之太露
거 비 이 후 지 등 고 지 위 위　처 회 이 후 지 향 명 지 태 로

守靜而後知好動之過勞　養黙而後知多言之爲躁
수 정 이 후 지 호 동 지 과 로　양 묵 이 후 지 다 언 지 위 조

낮은 데서 살아본 뒤에

높이 오를수록 위험한 것임을 알게 되고

어두운 곳에 있어본 다음에

밝은 데로 향해야 제대로 드러나는 것임을 알게 되느니라.

고요함을 겪어본 뒤에

움직임을 좋아하는 것이 수고로운 것임을 알게 되고

묵묵히 수양한 다음에

말이 많다보면 시끄러운 것임을 알게 되느니라.

033.

放得功名富貴之心下　便可脫凡
방 득 공 명 부 귀 지 심 하　편 가 탈 범

放得道德仁義之心下　纔可入聖
방 득 도 덕 인 의 지 심 하　재 가 입 성

공명(功名)과 부귀(富貴)에 이끌리는 마음을 떨쳐버려야

문득 범인(凡人)에서 벗어나는 것이며

도덕(道德)과 인의(仁義)에 끌려 다니는 마음을 떨쳐버려야

겨우 성인(聖人)의 경지에 들어갈 수 있느니라.

034.

利欲未盡害心 意見乃害心之蟊賊

이 욕 미 진 해 심　의 견 내 해 심 지 모 적

聲色未必障道 聰明乃障道之藩屛

성 색 미 필 장 도　총 명 내 장 도 지 번 병

이익에 대한 "욕망이"

모두 다하지 않으면 마음을 해치게 되고

"쓸데없는" 의견은

이내 마음을 해치는 몹쓸 벌레니라.

소리와 빛이 반드시 도를 가로막는 것이 아니며

"쓸모없는" 총명(聰明)이

이내 도(道)6)에 장애(障礙)가 되는 담장이니라.

035.

人情反復 世路崎嶇

인 정 반 복　세 로 기 구

行不去處 須知退一步之法

행 불 거 처　수 지 퇴 일 보 지 법

行得去處 務加讓三分之功

행 득 거 처　무 가 양 삼 분 지 공

사람의 정(情)은 이랬다저랬다 하고

세상길은 험난하니라.

가보지 않은 곳을 갈 때에는

---

6) 도(道): 우주(宇宙) 만물(萬物)의 본원(本源)이자 본체(本體).

모름지기 한 발짝 물러나는 법을 알아야 하고

가본 곳을 갈 때에는

삼분(三分)의 공(功)은 양보하는 데 힘써야 하느니라.

036.

待小人不難於嚴 而難於不惡
대 소 인 불 난 어 엄　　이 난 어 불 오

待君子不難於恭 而難於有禮
대 군 자 불 난 어 공　　이 난 어 유 례

소인을 대할 때에는

엄(嚴)하게 하는 것이 어려운 것이 아니라

혐오(嫌惡)하지 않기가 어렵고

군자(君子)를 대할 때에는

공손(恭遜)하기가 어려운 것이 아니고

예절(禮節)⁷⁾을 갖추기가 어려운 것이니라.

---

7) 예절(禮節): 예의(禮義)와 절도(節度).

037.

寧守渾噩而黜聰明 留些正氣還天地
영 수 혼 악 이 출 총 명　유 사 정 기 환 천 지

寧謝紛華而甘澹泊 遺個淸名在乾坤
영 사 분 화 이 감 담 박　유 개 청 명 재 건 곤

차라리 소박함을 지키고

총명(聰明)함은 물리쳐서

얼마간의 바른 기운을 머물게 하여

천지(天地)에 되돌려야 하느니라.

차라리 사치스러운 것은 사양하고

담박(澹泊)함을 달게 여기며

맑은 이름을 세상에 남겨야 하느니라.

038.

降魔者先降自心 心伏則群魔退聽
항 마 자 선 항 자 심　심 복 즉 군 마 퇴 청

馭橫者先馭此氣 氣平則外橫不侵
어 횡 자 선 어 차 기　기 평 즉 외 횡 불 침

마귀(魔鬼)를 항복(降伏)하려는 자는

먼저 자기 마음을 항복받아야 하며

마음이 항복한 즉

모든 마귀가 물러나게 되느니라.

횡액(橫厄)을 누르려거든

먼저 이 쓸모없는 기(氣)를 눌러야 하니

쓸모없는 기(氣)가 가라앉으면

곧 밖의 횡액(橫厄)이 침범하지 않느니라.

039.

敎弟子如養閨女 最要嚴出入 謹交遊
교 제 자 여 양 규 녀　 최 요 엄 출 입　 근 교 류

若一接近匪人 是淸淨田中下一不淨種子
약 일 접 근 비 인　 시 청 정 전 중 하 일 부 정 종 자

便終身難植嘉禾矣!
편 종 신 난 식 가 화 의

　　자식을 가르치기를
　　규중(閨中)8)의 처녀를 양육(養育)하듯 해야 하니
　　가장 중요한 점은 출입(出入)을 엄하게 하고
　　교류(交流)를 삼가게 해야 하느니라.
　　만약 한 번이라도 부정(不正)한 사람과 가까이 하게 되면
　　이는 청정(淸淨)한 밭에
　　잡초(雜草)가 뿌려진 것과 같아서
　　문득 종신(終身)토록 좋은 곡식을 심기 어렵다 하느니라.

---

8) 규중(閨中): 부녀자가 거처하는 방.

040.

欲路上事 毋樂其便而姑爲染指
욕 로 상 사　무 락 기 편 이 고 위 염 지

一染指便深入萬仞
일 염 지 편 심 입 만 인

理路上事 毋憚其難而稍爲退步
이 로 상 사　무 탄 기 난 이 초 위 퇴 보

一退步便遠隔千山
일 퇴 보 편 원 격 천 산

욕망(欲望)으로 관계된 일은

쉽게 즐길 수 있다하여

조금이라도 손가락에 물들이지 말아야 하니

한번이라도 손가락에 물들게 되면

문득 만 길 벼랑에 깊이 빠지게 되느니라.

도리(道理)[9]에 관계되는 일은

그것의 어려움을 꺼린다 하여

조금이라도 물러나지 말아야 하니

한 발짝 물러나면

문득 멀리 천산(千山)으로 막히게 되느니라.

---

9) 도리(道理): 사람이 마땅히 행하여야 할 바른 길.

041.

念頭濃者 自待厚 待人亦厚 處處皆濃
염 두 농 자　자 대 후　대 인 역 후　처 처 개 농

念頭淡者 自待薄 待人亦薄 事事皆淡
염 두 담 자　자 대 박　대 인 역 박　사 사 개 담

故君子居常嗜好 不可太濃艶 亦不宜太枯寂
고 군 자 거 상 기 호　불 가 태 농 염　역 불 의 태 고 적

생각을 넉넉하게 하는 자는

자신에게 후(厚)하고

남에게도 또한 후(厚)하게 대하며

곳곳마다 모두 후(厚)하게 하느니라.

생각이 담백(淡白)한 자는

자신에게 박(薄)하고

남에게도 또한 박(薄)하게 대하며

하는 일마다 모두 담백(淡白)하게 하느니라.

그러므로 군자는 일상에서 즐기고 좋아하는 것에

지나치게 빠져서는 안 되며

또한 지나치게 못 본체 하는 것도 마땅치 않느니라.

042.

彼富我仁 彼爵我義 君子固不爲君相所牢籠
피 부 아 인　피 작 아 의　군 자 고 불 위 군 상 소 뇌 롱

人定勝天 志一動氣 君子亦不受造化之陶鑄
인 정 승 천　지 일 동 기　군 자 역 불 수 조 화 지 도 주

그가 부(富)를 내세우면

나는 인(仁)을 내세울 것이며

그가 벼슬을 자랑하면

나는 의(義)를 뽐내리라.

군자는 억지로 임금이나 재상에게도

끌려 다니거나 갇히지 말아야 하느니라.

사람이 "마음이" 안정되면 하늘도 이긴다 하고

뜻이 한결같으면 기상(氣象)도 움직인다고 하니

군자는 또한 조물주(造物主)의 영향도 받지 않아야 하느니라.

043.

立身不高一步立 如塵裡振衣
입 신 불 고 일 보 립　여 진 리 진 의

泥中濯足 如何超達?
이 중 탁 족　여 하 초 달

處世不退一步處 如飛蛾投燭
처 세 불 퇴 일 보 처　여 비 아 투 촉

羝羊觸藩 如何安樂?
저 양 촉 번　여 하 안 락

입신(立身)에는

한 발짝 높이 세우지 않으면

마치 먼지 속에 옷을 터는 것과 같고

진흙 속에서 발을 닦는 것과 같나니

어찌 초월(超越)하고 통달(通達)할 수 있겠는가?

세상을 살아감에

한 발짝 물러나서 살지 않으면

마치 나방이 불속으로 날아드는 것 같고

염소가 울타리를 뿔로 받는 것과 같나니

어찌 안락(安樂)할 수 있겠는가?

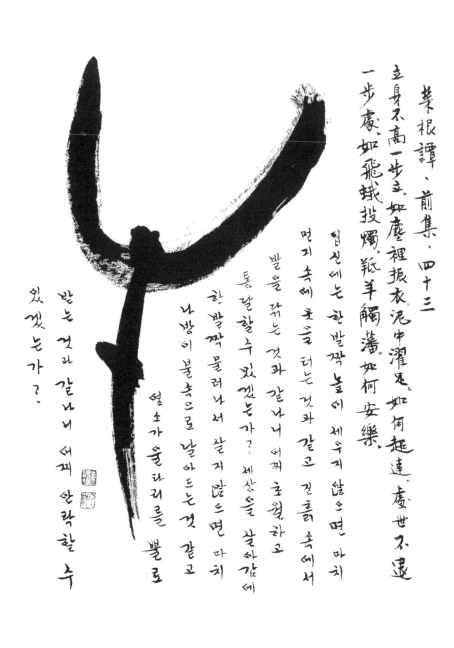

菜根譚、前集、四十三

立身不高一步立、如塵裡振衣泥中濯足、如何超達、處世不退

一步處、如飛蛾投燭羝羊觸藩、如何安樂。

몸단속에 한 발짝 높이 세우지 않으면 마치

먼지 속에서 옷을 터는 것과 같고 진흙 속에서

발을 닦는 것과 같나니 어찌 초월하고

한 발짝 물러나서 살지 않으면 마치

나방이 불속으로 날아드는 것 같고

염소가 울타리를 뿔로

받는 것과 같나니 어찌 안락할 수

있겠는가?

044.

學者要收拾精神 併歸一路
학 자 요 수 습 정 신 병 귀 일 로

如修德而留意於事功名譽 必無實詣
여 수 덕 이 유 의 어 사 공 명 예 필 무 실 예

讀書而寄興於吟咏風雅 定不深心
독 서 이 기 흥 어 음 영 풍 아 정 불 심 심

배우는 자는 요컨대 정신을 수습하여

아울러 한길로 돌아가야 하느니라.

덕(德)을 닦는다 하며

뜻은 일의 성공(成功)이나 명예(名譽)에 머무를 것 같으면

반드시 참된 조예(造詣)는 없게 되느니라.

책을 읽으며 흥에 겨워 풍류(風流)를 읊듯 하게 되면

정녕 마음에는 깊이 느끼지 못할 것이니라.

045.

人人有個大慈悲 維摩屠劊無二心也
인 인 유 개 대 자 비 　 유 마 도 회 무 이 심 야

處處有種眞趣味 金屋茅簷非兩地也
처 처 유 종 진 취 미 　 금 옥 모 첨 비 양 지 야

只是欲蔽情封 當面錯過 使咫尺千里矣
지 시 욕 폐 정 봉 　 당 면 착 과 　 사 지 척 천 리 의

사람마다 갖춰진 큰 자비(慈悲)가 있으니

유마거사(維摩居士)10)와 백정은

마음이 둘이 아니니라.

곳곳마다 갖가지 참된 취미가 있으니

고대광실(高臺廣室)이나 초가집은

땅이 다르지 않느니라.

다만 이대로 욕망(欲望)에 덮이고 정(情)에 가려서

상황을 만나 착각하고 실수를 하면

이로 하여금 지척(咫尺)이 천리(千里)가 되느니라.

---

10) 유마거사(維摩居士): 범어(梵語)로 뜻은 정명(淨名). 또는 무구칭(無垢稱)이라함.
인도 비야리성(毘耶離城)의 대승거사(大乘居士). 석가의 재가(在家) 제자로서 속가
(俗家)에서 보살(菩薩) 행업(行業)을 닦아 수행(修行)이 대단하였다고 한다. 후대에
는 대승(大乘) 불법(佛法)을 닦는 거사(居士)를 이르는 말로 쓴다.

046.

進德修道　要個木石的念頭
진 덕 수 도　요 개 목 석 적 염 두

若一有欣羨　便趨欲境
약 일 유 흔 선　편 추 욕 경

濟世經邦　要段雲水的趣味
제 세 경 방　요 단 운 수 적 취 미

若一有貪著　便墮危機
약 일 유 탐 착　편 타 위 기

　　덕(德)을 기르고 도(道)를 닦음에는
　　요컨대 목석(木石)과 같은 마음을 지녀야 하니
　　만약 한번이라도 부러워하는 마음이 생기면
　　문득 욕망(慾望)의 경계(境界)로 달리는 것이니라.
　　세상을 제도(制度)하고 나라를 다스림에는
　　모쪼록 걸림 없는 아취(雅趣)11)가 필요한 것이니
　　만약 한번이라도 "부귀를" 탐하는 마음이 생기면
　　문득 위험한 작용에 떨어지게 되느니라.

---

11) 아취(雅趣): 고상한 멋.

047.

吉人無論作用安祥 則夢寐神魂 無非和氣
길 인 무 론 작 용 안 상　즉 몽 매 신 혼　무 비 화 기

凶人無論行事狼戾 則聲音咲語 渾是殺機
흉 인 무 론 행 사 낭 려　즉 성 음 소 어　혼 시 살 기

　　길(吉)한 사람은 논(論)할 것도 없이

　　하는 작용마다 편안하고 상서로우며

　　곧 꿈을 꾸고 잠들었을 때의 정신(精神)과 혼(魂)까지도

　　온화(溫和)한 기운이 아닌 것이 없느니라.

　　흉(凶)한 사람은 논할 것도 없이

　　하는 일마다 거칠고 어긋나리니

　　곧 목소리와 웃음소리에도

　　이대로 살벌한 작용이 섞여 있느니라.

048.

肝受病則目不能視 腎受病則耳不能聽
간 수 병 즉 목 불 능 시　신 수 병 즉 이 불 능 청

病受於人所不見 必發於人所共見
병 수 어 인 소 불 견　필 발 어 인 소 공 견

故君子 欲無得罪於昭昭 先無得罪於冥冥
고 군 자　욕 무 득 죄 어 소 소　선 무 득 죄 어 명 명

　　간(肝)에 병이 들면

　　곧 눈이 보지 못하게 되고

　　신장(腎臟)에 병이 들면

　　곧 귀가 듣지 못하게 되느니라.

병은 남이 보지 못하는 곳에 든다 해도
반드시 남이 함께 볼 수 있는 곳에 나타나게 되느니라.
그러므로 군자는 죄가 밝은 곳에 드러나고 싶지 않으면
먼저 어두운 곳에서 죄를 짓지 말아야 하느니라.

049.

福莫福於少事 禍莫禍於多心
복 막 복 어 소 사 화 막 화 어 다 심

唯苦事者 方知少事之爲福
유 고 사 자 방 지 소 사 지 위 복

唯平心者 始知多心之爲禍
유 평 심 자 시 지 다 심 지 위 화

복(福)은 일이 적은 것보다 나은 복이 없고
화(禍)는 생각이 많은 것보다 심한 화는 없느니라.
오직 일에 시달려 본 자라야
바야흐로 일이 적은 것보다 나은 복(福)이 없음을 알게 되고
오직 마음이 평온한 자라야
비로소 생각이 많은 것이 화(禍)가 되는 것임을 알게 되느니라.

050.

處治世宜方　處亂世宜圓　處叔季之世當方圓並用
처 치 세 의 방　처 난 세 의 원　처 숙 계 지 세 당 방 원 병 용

待善人宜寬　待惡人宜嚴　待庸衆之人當寬嚴互存
대 선 인 의 관　대 악 인 의 엄　대 용 중 지 인 당 관 엄 호 존

세상이 잘 다스려질 때 살아가는 것은

마땅히 바르게 살아야 하고

어지러운 세상을 살아가는 것은

마땅히 원만하게 살아야 하며

어중간한 세상을 살아가는 것은

마땅히 바르고 원만함을 함께 써야 하느니라.

착한 사람을 대함에는

마땅히 너그러워야 하고

악한 사람을 대하게 되면

마땅히 엄해야 하며

어중간한 사람을 대할 때에는

마땅히 너그러움과 엄함이 함께 있어야 하느니라.

051.

我有功於人不可念　而過則不可不念
아 유 공 어 인 불 가 념　이 과 즉 불 가 불 념

人有恩於我不可忘　而怨則不可不忘
인 유 은 어 아 불 가 망　이 원 즉 불 가 불 망

내가 남에게 공을 베푼 것은

마음에 새겨두지 말아야 하고

허물은 곧 새겨두지 않으면 아니 되느니라.

남이 나에게 은혜를 베푼 것은

잊지 말아야 하나

원한은 곧 잊지 않으면 아니 되느니라.

052.

施恩者 內不見己 外不見人
시 은 자 내 불 견 기 외 불 견 인

則斗粟可當萬鍾之惠
즉 두 속 가 당 만 종 지 혜

利物者 計己之施 責人之報
이 물 자 계 기 지 시 책 인 지 보

雖百鎰難成一文之功
수 백 일 난 성 일 문 지 공

은혜를 베푼 자는

안으로 자기를 드러내지 않아야 하고

밖으로도 남에게 드러내지 말아야 하니

곧 한 말의 곡식일지라도 만석의 은혜와 같아지느니라.

물건으로 이롭게 한 자가

자기가 베푼 것을 계산하고

남에게 갚으라고 꾸짖는다면

비록 백량이라도 한 푼의 공도 이루기 어려우니라.

053.

人之際遇 有齊有不齊 而能使己獨齊乎?
인 지 제 우 유 제 유 부 제 이 능 사 기 독 제 호

己之情理 有順有不順 而能使人皆順乎?
기 지 정 리 유 순 유 불 순 이 능 사 인 개 순 호

以此相觀對治 亦是一方便法門
이 차 상 관 대 치 역 시 일 방 편 법 문

사람들의 계제와 경우를 보면

갖춘 이도 있고 갖추지 못한 이도 있는데

어찌 나로 하여금 홀로 갖추어지기를 바라겠는가?

자기의 정리(情理)를 보면

사리(事理)에 맞는 때도 있고 맞지 않을 때도 있는데

어찌 사람들로 하여금 모두 맞기를 바라겠는가?

이와 같이 서로 상대의 입장을 보아가며 다스리게 되면

또한 이대로 하나의 방편(方便)12)이 되고

법문(法門)13)이 되느니라.

---

12) 방편(方便): 방법.
13) 법문(法門): 중생을 열반에 들게 하는 문. 부처의 가르침의 문.

054.

心地乾淨 方可讀書學古
심 지 건 정　방 가 독 서 학 고

不然 見一善行 竊以濟私
불 연　견 일 선 행　절 이 제 사

聞一善言 假以覆短
문 일 선 언　가 이 복 단

是又藉寇兵而齎盜糧矣
시 우 자 구 병 이 재 도 량 의

마음을 깨끗이 하려면

지금 바로 책을 읽고 옛것에서 배워야 하니.

그렇지 않으면

한 가지 착한 행실을 보더라도

훔쳐다 이로써 사적(私的)으로 이용하려 하고

한 마디 착한 말을 듣더라도

이를 빌려다 이로써 자기의 단점(短點)을 덮으려고 할 것이니

이는 또한 적에게 무기를 대주고

도적에게 양식을 내주는 꼴이 되느니라.

055.

奢者富而不足 何如儉者貧而有餘?

사 자 부 이 부 족　하 여 검 자 빈 이 유 여

能者勞而府怨 何如拙者逸而全眞?

능 자 노 이 부 원　하 여 졸 자 일 이 전 진

사치스러운 자는

부유(富裕)할지라도 만족하지 못하니

어찌 검소(儉素)한 자의

가난하지만 여유가 있는 것만 같겠는가?

능숙한 자가

수고하고도 원망을 사기도 하는데

어찌 서툰 자가

편안하니 진솔하게 하는 것만 같겠는가?

056.

讀書不見聖賢 爲鉛槧傭
독 서 불 견 성 현　위 연 참 용

居官不愛子民 爲衣冠盜
거 관 불 애 자 민　위 의 관 도

講學不尚躬行 爲口頭禪
강 학 불 상 궁 행　위 구 두 선

立業不思種德 爲眼前花
입 업 불 사 종 덕　위 안 전 화

책을 읽어도

성인(聖人)을 만나지 못하면

이는 글씨를 베끼는 것이라 하고

관직(官職)에 있으며

백성을 사랑하지 않으면

관복(官服)을 입은 도적이라 하느니라.

학문을 가르치며

몸소 실천하지 않으면

이를 입에 발린 참선(參禪)14)이라 하고

사업을 하며

덕(德)을 심는 것을 생각하지 않으면

이는 눈앞에 반짝하고 마는 불꽃일 뿐이니라.

---

14) 참선(參禪): 홀로 선(禪)의 이치를 참구(參究)하거나, 스승을 찾아 묻거나, 좌선(坐禪)을 하는 선종(禪宗)의 수행(修行) 방법.

057.

人心有一部眞文章 都被殘編斷簡封錮了
인 심 유 일 부 진 문 장　도 피 잔 편 단 간 봉 고 료

有一部眞鼓吹 都被妖歌艷舞湮沒了
유 일 부 진 고 취　도 피 요 가 염 무 인 몰 료

學者須掃除外物 直覓本來 纔有個眞受用
학 자 수 소 제 외 물　직 멱 본 래　재 유 개 진 수 용

사람의 마음속에는

한 권의 참된 문장(文章)이 있는데도

모두가 옛사람이 남긴 낡은 책이나

죽간(竹簡)15)에 굳게 갇혀 있느니라.

한가락 참된 음악이 있는데도

모두가 요염한 노래와 춤에 빠져 있느니라.

배우는 자는

모쪼록 밖에서 작용하는 물질의 욕망을 억제해야 하고

똑바로 본래의 마음을 찾아야

겨우 저 개의 참된 "문장과 음악을" 수용하게 되는 것이니라.

---

15) 죽간(竹簡): 종이가 만들어 지기 전에 문자를 기록하던 대나무 조각.

058.

苦心中常得悅心之趣 得意時便生失意之悲
고 심 중 상 득 열 심 지 취　　득 의 시 편 생 실 의 지 비

고심(苦心)하는 가운데

항상 마음을 기쁘게 하는 아취(雅趣)를 얻기도 하고

뜻을 얻었을 때

문득 실의(失意)의 슬픔이 생기기도 하느니라.

059.

富貴名譽 自道德來者 如山林中花
부 귀 명 예　자 도 덕 래 자　여 산 림 중 화

自是舒徐繁衍
자 시 서 서 번 연

自功業來者 如盆檻中花 便有遷徙興廢
자 공 업 래 자　여 분 함 중 화　편 유 천 사 흥 폐

若以權力得者 如瓶鉢中花 其根不植
약 이 권 력 득 자　여 병 발 중 화　기 근 불 식

其萎可立而待矣
기 위 가 립 이 대 의

부귀(富貴)와 명예(名譽)를

도덕(道德)으로부터 얻은 자는

마치 산림(山林) 속에 있는 꽃과 같아서

스스로 서서히 번성(繁盛)하며 퍼지게 되고

그 공(功)을 사업(事業)으로 얻은 자는

마치 화분(花盆) 속의 꽃과 같아서

문득 옮겨지다가 흥(興)하기도 하고

폐(廢)해지기도 하느니라.

만약 권력(勸力)으로부터 얻은 자는

마치 물병 속의 꽃과 같나니

그 뿌리를 심은 것이 아니라서

그 시드는 것이 서서 기다릴 정도니라.

菜根譚・前集・五九

富貴名譽自道德來者如山林中花自是舒徐繁衍自功業來者如盆檻中花便有遷徙興廢若以權力得者如瓶缽中花其根不植其萎可立而待矣

부귀와 명예를 도덕으로 부터 얻은 자는 마치 산림 속에 있는 꽃과 같아서 스스로 서서히 번성하며 퍼지게 되고, 그 공을 사업으로 얻은 자는 마치 화분 속의 꽃과 같아서 문득 옮겨지다가 흥하기도 하고 폐해 지기도 하느니라, 만약 권력으로 부터 얻은 자는 마치 물병 속의 꽃과 같나니 그 뿌리를 심은 것이 아니라서 그 시드는 것이 서서 기다릴 정도이니라.

060.

春至時和 花尚鋪一段好色 鳥且囀幾句好音
춘 지 시 화　화 상 포 일 단 호 색　조 차 전 기 구 호 음

士君子 幸列頭角 復遇溫飽 不思立好言
사 군 자　행 렬 두 각　부 우 온 포　불 사 립 호 언

行好事 雖是在世百年 恰似未生一日
행 호 사　수 시 재 세 백 년　흡 사 미 생 일 일

　　봄이 되어 화창해지면

　　꽃도 오히려 한층 아름다운 빛을 펼치고

　　새도 또한 몇 구절의 아름다운 소리를 굴리는데

　　사군자(士君子)16)가 요행으로 두각을 나타내고

　　다시 등이 따뜻하고 배불리 먹으면서

　　좋은 의견을 세우거나

　　훌륭한 일을 실행할 생각을 않는다면

　　비록 이렇게 백 년을 산다 해도

　　흡사 하루를 사는 것만 같지 못하느니라.

061.

學者 要有段兢業的心思 又要有段瀟灑的趣味
학 자　요 유 단 긍 업 적 심 사　우 요 유 단 소 쇄 적 취 미

若一味斂束清苦 是有秋殺無春生
약 일 미 염 속 청 고　시 유 추 살 무 춘 생

何以發育萬物?
하 이 발 육 만 물

---

16) 사군자(士君子): 덕행(德行)이 높고 학문(學問)이 깊은 사람.

배우는 자는

모쪼록 일단의 조심하는 마음이 있어야 하고

또한 반드시 일단의 소박한 취미를 지녀야 하느니라.

만약 한 가지 맛으로 묶이거나 맑기만 고집하다 보면

이는 가을의 싸늘한 살기(殺氣)만 있고

봄의 생기(生氣)가 없는 것이니

어찌 이로써 만물(萬物)이 자라나고 길러지겠는가?

062.

眞廉無廉名　立名者正所以爲貪
진 렴 무 염 명　입 명 자 정 소 이 위 탐

大巧無巧術　用術者乃所以爲拙
대 교 무 교 술　용 술 자 내 소 이 위 졸

진실로 청렴(淸廉)한 것은

청렴하다는 이름도 없는 것이니

청렴하다는 이름이 알려진 자는

정녕 이로써 탐하는 바가 되느니라.

크게 교묘(巧妙)한 것은

교묘한 술책이 없으니

교묘한 술책을 쓰는 자는

이내 이런 까닭으로 서투르다고 하느니라.

063.

敧器以滿覆　撲滿以空全
기 기 이 만 복　박 만 이 공 전

故君子　寧居無不居有　寧處缺不處完
고 군 자　영 거 무 불 거 유　영 처 결 불 처 완

기기(敧器)¹⁷⁾는

이로써 가득하면 엎어지고

박만(撲滿)¹⁸⁾은

이로써 비워야 온전하니라.

그러므로 군자는 차라리 없이 살지언정

여유 있게 살려고 하지 않으며

차라리 모자라게 머물지언정

완전한 데 머물려고 하지 않느니라.

---

17) 기기(敧器): 비면 기울고 반쯤차면 바로서고 가득차면 엎어지는 그릇.

18) 박만(撲滿): 저금통.

菜根譚、前集、文十三、鼓器以滿覆、撲滿以空全、故君子、寧居無、不居有、寧處缺、不處完。

기기는 이로써 가득하면

온전하니라

엎어지고 박만은 이로써 비어야

그러므로 군자는 차라리

없이 살거언정 여유

있게 살려고 하지

않으며

차라리

모자라게

머물지

언정

완전한데

머물려고 하지

않느니라

064.

名根未拔者 縱輕千乘 甘一瓢 總墮塵情
명 근 미 발 자　종 경 천 승　감 일 표　총 타 진 정

客氣未融者 雖澤四海 利萬世 終爲剩技
객 기 미 융 자　수 택 사 해　이 만 세　종 위 잉 기

　명예에 대한 욕망의 뿌리를 뽑아내지 못한 자는

　천승(千乘)19)을 가벼이 여기고

　표주박 하나를 달게 여길지라도

　모두가 속세의 정리에 떨어져 있는 것이요.

　쓸데없는 기운을 녹이지 못하는 자는

　비록 은혜를 천하에 베풀고

　이익을 만세에 끼칠지라도

　마침내 쓸모없는 재주가 될 뿐이니라.

065.

心體光明 暗室中有靑天
심 체 광 명　암 실 중 유 청 천

念頭暗昧 白日下生厲鬼
염 두 암 매　백 일 하 생 여 귀

　마음 바탕이 밝으면

　어두운 방에 있어도

　푸른 하늘 아래에 있는 것과 같고

　생각이 어두우면

---

19) 천승(千乘): 전투에 사용하는 수레 천대를 동원 할 수 있는 나라. 곧 제후(諸侯)를
　이름.

청천백일(靑天白日) 아래 있어도

귀신(鬼神)이 나타나느니라.

066.

人知名位爲樂 不知無名無位之樂爲最眞
인 지 명 위 위 락　부 지 무 명 무 위 지 락 위 최 진

人知饑寒爲憂 不知不饑不寒之憂爲更甚
인 지 기 한 위 우　부 지 불 기 불 한 지 우 위 갱 심

사람들은 명예(名譽)와 지위(地位)가

즐거움이 되는 것인 줄만 알고

이름도 없고 지위도 없는 즐거움이

가장 참된 것임을 알지 못하느니라.

사람들은 배고프고 추운 것만

근심이 되는 것인 줄 알고

배고프지 않고 춥지도 않은 근심이

더욱 심한 것임을 알지 못하느니라.

067.

爲惡而畏人知 惡中猶有善路
위 악 이 외 인 지　악 중 유 유 선 로

爲善而急人知 善處卽是惡根
위 선 이 급 인 지　선 처 즉 시 악 근

악한 짓을 하고서

남이 알까봐 두려워하는 것은

악한 가운데 오히려 선(善)한 구석이 있는 것이요.

착한 일을 하고서

서둘러 남에게 알리려는 것은

착한 가운데 곧 이것이 악(惡)한 뿌리라 하느니라.

068.

天之機緘不測 抑而伸 伸而抑
천 지 기 함 불 측　억 이 신　신 이 억

皆是播弄英雄 顚倒豪傑處
개 시 파 롱 영 웅　전 도 호 걸 처

君子只是逆來順受 居安思危
군 자 지 시 역 래 순 수　거 안 사 위

天亦無所用其伎倆矣
천 역 무 소 용 기 기 량 의

하늘의 기밀(機密)은

헤아리지 못하는 것이라서

눌렀다 펴고

폈다가 누르나니

모두 이대로 영웅을 희롱하고

호걸의 입지를 뒤엎어 버리기도 하느니라.

군자는 다만 이대로 역(逆)으로 와도

순리(順理)로 받아들이고

편안히 살 때에도 위험을 염두에 두고 살기에

하늘도 또한 그 기량(伎倆)을

사용할 수 없다 하느니라.

069.

燥性者火熾 遇物則焚
조 성 자 화 치　우 물 즉 분

寡恩者氷淸 逢物必殺
과 은 자 빙 청　봉 물 필 살

凝滯固執者 如死水腐木 生機已絶
응 체 고 집 자　여 사 수 부 목　생 기 이 절

俱難建功業而延福祉
구 난 건 공 업 이 연 복 지

성정(性情)이 조급한 자는

타오르는 불꽃과 같아서 만나는 것마다 곧 태워버리고

은덕(恩德)이 적은 사람은

차고 맑아서 만나는 것마다 반드시 죽게 하느니라.

꽉 막혀서 융통성이 없는 사람은

마치 죽은 물과 썩은 나무와 같아서

생명의 작용이 이미 끊어진 것이니

모두 이런 사람들은 공업(功業)을 세우고

복지(福祉)20)를 펴기가 어렵다 하느니라.

---

20) 복지(福祉): 행복하게 살 수 있는 사회 환경.

070.

福不可徼 養喜神以爲召福之本而已
복 불 가 요   양 희 신 이 위 소 복 지 본 이 이

禍不可避 去殺機以爲遠禍之方而已
화 불 가 피   거 살 기 이 위 원 화 지 방 이 이

복(福)은 구한다 하여 구해지는 것이 아니니

기쁜 정신을 길러서

이로써 복을 부르는 근본을 삼아야 하느니라.

화(禍)는 피한다 하여 피해지는 것이 아니니

남을 해치려는 마음을 버려서

이로써 화를 멀리하는 방편(方便)21)으로 삼아야 하느니라.

---

21) 방편(方便): 방법.

071.

十語九中未必稱奇　一語不中則愆尤騈集
십 어 구 중 미 필 칭 기　일 어 부 중 즉 건 우 병 집

十謀九成未必歸功　一謀不成則訾議叢興
십 모 구 성 미 필 귀 공　일 모 불 성 즉 자 의 총 흥

君子所以寧黙毋躁　寧拙毋巧
군 자 소 이 영 묵 무 조　영 졸 무 교

열 마디 말 가운데 아홉 마디가 맞을지라도

기특하다고 칭찬하지 않으며

한 마디 말이 맞지 않으면

곧 허물과 탓이 사방에서 모여들게 되느니라.

열 가지 계책 가운데 아홉 가지가 성공하였다 해도

공은 돌아오지 않으며

한 가지 계책이 이루어지지 않으면

곧 헐뜯는 소리가 모두 일어나게 되느니라.

군자는 이런 까닭으로

차라리 침묵할지언정 시끄럽지 않으며

차라리 서툴지언정

교묘하려고 하지 않느니라.

072.

天地之氣 暖則生 寒則殺
천 지 지 기 난 즉 생 한 즉 살

故性氣淸冷者 受享亦凉薄
고 성 기 청 랭 자 수 향 역 양 박

唯和氣熱心之人 其福亦厚 其澤亦長
유 화 기 열 심 지 인 기 복 역 후 기 택 역 장

하늘과 땅의 기운이

따뜻한즉 자라게 하고

찬즉 죽이게 하느니라.

그러므로 성정과 기운이 맑고 찬 사람은

누리는 복도 박(薄)하고

오직 온화한 기운에 따뜻한 마음을 지닌 사람은

그 복도 또한 두텁고

그 혜택도 또한 오래 가느니라.

073.

天理路上甚寬 稍游心胸中便覺廣大宏朗
천 리 노 상 심 관　초 유 심 흉 중 편 각 광 대 굉 랑

人欲路上甚窄 纔寄迹眼前俱是荊棘泥塗
인 욕 노 상 심 착　재 기 적 안 전 구 시 형 극 니 도

하늘의 도리(道理)[22]는

몹시 너그러워서 조금만 마음에 두어도

가슴속이 문득 확 트여서 맑고 후련함을 깨닫게 되고

인간(人間)의 욕망(欲望)에 관한 길은

몹시 좁아서 잠깐 발을 들여놓아도

눈앞이 모두 가시덤불에 진흙탕이 되느니라.

074.

一苦一樂相磨鍊 鍊極而成福者 其福始久
일 고 일 락 상 마 련　연 극 이 성 복 자　기 복 시 구

一疑一信相參勘 勘極而成知者 其知始眞
일 의 일 신 상 참 감　감 극 이 성 지 자　기 지 시 진

괴로움과 즐거움을 겪으며

서로 연마하고 단련하다가

단련이 지극하여 이루어진 복(福)이라야

그 복이 비로소 오래가느니라.

의심하고 믿으며

서로 참여하고 짐작하다가

---

22) 도리(道理): 사람이 마땅히 이행해야할 바른 길.

짐작이 지극하여 이루어진 지식(知識)이라야

그 지식이 비로소 참된 것이니라.

075.

心不可不虛 虛則義理來居
심 불 가 불 허　　허 즉 의 리 래 거

心不可不實 實則物欲不入
심 불 가 불 실　　실 즉 물 욕 불 입

마음은 비우지 않으면 아니 되나니

비운즉 의리(義理)[23]가 와서 머물고

마음은 채우지 않으면 아니 되나니

채운즉 물욕(物欲)이 들어오지 않느니라.

---

23) 의리(義理): 사람으로서 지켜야 할 도리.

076.

地之穢者多生物 水之清者常無魚
지 지 예 자 다 생 물　수 지 청 자 상 무 어

故君子 當存含垢納汚之量 不可持好潔獨行之操
고 군 자　당 존 함 구 납 오 지 량　불 가 지 호 결 독 행 지 조

땅이 더러우면 자라는 것이 많고

물이 맑으면 항상 고기가 없느니라.

그러므로 군자는 마땅히

때 묻고 더러운 것도

용납할 수 있는 아량이 있어야 하고

깨끗한 것만 좋아하거나

나만이 할 수 있다는 지조(志操)는 지니지 말아야 하느니라.

077.

泛駕之馬 可就驅馳
범 가 지 마　가 취 구 치

躍冶之金 終歸型範
약 야 지 금　종 귀 형 범

只一優游不振 便終身無個進步
지 일 우 유 부 진　편 종 신 무 개 진 보

白沙云 "爲人多病未足羞 一生無病是吾憂"
백 사 운　위 인 다 병 미 족 수　일 생 무 병 시 오 우

眞確論也
진 확 론 야

　　수레를 뒤집어버리는 사나운 말도

　　길들이면 부릴 만 하게 되고

　　다루기 힘든 쇠붙이도

　　마침내는 형태를 갖추게 되는데

　　다만 한사코 우유부단(優柔不斷)24)하여 떨쳐내지 못하면

　　문득 종신토록 아무런 진보(進步)도 없느니라.

　　백사(白沙)25) 선생이 이르기를

　　"사람이 병이 많은 것은 족히 부끄러운 것이 아니나 일생동안

　　병이 없는 이것이 나의 근심이다."라고 하였는데

　　진실로 확실하게 논(論)한 것이니라.

---

24) 우유부단(優柔不斷): 어물어물하며 결단을 내리지 못함.

25) 백사(白沙): 진헌장(陳獻章) 자(字) 공보(公甫). 호(號) 백사(白沙).

078.

人只一念貪私 便銷剛爲柔 塞智爲昏
인 지 일 념 탐 사　편 소 강 위 유　색 지 위 혼

變恩爲慘 染潔爲汚 壞了一生人品
변 은 위 참　염 결 위 오　괴 료 일 생 인 품

故古人 以不貪爲寶 所以度越一世
고 고 인　이 불 탐 위 보　소 이 도 월 일 세

사람이 다만 한 생각이라도

사리사욕(私利私慾)[26]을 탐하게 되면

문득 굳센 기상이 녹아 유약(柔弱)하게 되고

지혜는 막혀 혼미(昏迷)해지며

은혜가 변하여 가혹(苛酷)해지고

고결했던 마음이 물들어서 더러워지게 되나니

일생동안 닦아온 인품(人品)을 무너트리게 되느니라.

그러므로 옛 사람은

이로써 탐하지 않는 것을 보배로 삼았으니

이로써 한 세상을 초월(超越)하였느니라.

---

26) 사리사욕(私利私慾): 사사로운 이익과 욕심.

079.

耳目見聞爲外賊 情欲意識爲內賊
이 목 견 문 위 외 적   정 욕 의 식 위 내 적

只是主人翁惺惺不昧 獨坐中堂 賊便化爲家人矣
지 시 주 인 옹 성 성 불 매   독 좌 중 당   적 편 화 위 가 인 의

    귀와 눈으로 보고 듣는 것은

    밖의 도둑이요

    미련이나 욕망과 같은 의식은

    안에 있는 도둑이니라.

    다만 이에 주인공(主人公)이 깨어서 우매(愚昧)하지 않고

    홀로 집에 버티고 앉아 있으면

    도둑이 문득 교화(敎化)되어 가족처럼 되느니라.

080.

圖未就之功 不如保已成之業
도 미 취 지 공   불 여 보 이 성 지 업

悔旣往之失 不如防將來之非
회 기 왕 지 실   불 여 방 장 래 지 비

    아직 시작하지 않은 공을 도모하기보다는

    이미 성취한 사업을 보전하느니만 같지 못하고

    이미 지나간 실수를 후회하기보다는

    앞으로 있을 잘못을 방비하는 것만 같지 못하느니라.

081.

氣象要高曠 而不可疎狂
기 상 요 고 광　이 불 가 소 광

心思要縝密 而不可瑣屑
심 사 요 진 밀　이 불 가 쇄 설

趣味要冲淡 而不可偏枯
취 미 요 충 담　이 불 가 편 고

操守要嚴明 而不可激烈
조 수 요 엄 명　이 불 가 격 렬

사람의 기상은 높고 넓어야 하니

성글고 거칠어서는 안 되고

마음은 치밀해야 하니

자잘하게 굴어서는 안 되며

취미는 맑아야 하니

치우치고 뻣뻣해서는 안 되고

지조를 지킴에는 엄정해야 하니

격렬(激烈)해서는 아니 되느니라.

082.

風來疎竹 風過而竹不留聲
풍 래 소 죽　풍 과 이 죽 불 유 성

雁度寒潭 雁去而潭不留影
안 도 한 담　안 거 이 담 불 유 영

故君子 事來而心始現 事去而心隨空
고 군 자　사 래 이 심 시 현　사 거 이 심 수 공

바람이 성근 대숲에 불어와도

바람이 지나가면 대숲에 소리를 남기지 않고

기러기가 찬 연못을 건너도

기러기가 날아가고 나면

연못에는 그림자를 남기지 않느니라.

그러므로 군자는 일이 오면 마음에 비로소 나타나고

일이 가고 나면 마음도 따라 비우느니라.

083.

清能有容 仁能善斷 明不傷察 直不過矯
청 능 유 용 인 능 선 단 명 불 상 찰 직 불 과 교

是謂 "蜜餞不甛 海味不鹹" 纔是懿德
시 위 밀 전 불 첨 해 미 불 함 재 시 의 덕

청렴하면서 수용할 줄 알고

인자하면서 잘 결단하며

총명하면서 꼬치꼬치 살피지 않고

정직하면서도 지나치게 바로잡으려 하지 않는다면

이를

"꿀맛인 떡인데 달지 않고

해산물의 맛인데 짜지 않다."고 이를 것이니

겨우 이것을 아름다운 덕(德)이라 하느니라.

084.

貧家淨拂地 貧女淨梳頭 景色雖不艶麗
빈 가 정 불 지　빈 녀 정 소 두　경 색 수 불 염 려

氣度自是風雅
기 도 자 시 풍 아

士君子 一當窮愁寥落 奈何輒自廢弛哉!
사 군 자　일 당 궁 수 요 락　내 하 첩 자 폐 이 재

가난한 집도 깨끗이 청소하고

가난한 여인이라도 정갈하게 머리를 빗으면

경치와 맵시로는 비록 화려하지 않을지라도

기품(氣品)과 절도(節度)가 절로 멋스럽고 어울리나니

사군자(士君子)가 한 때의 곤궁이나 적막에 떨어질지라도

어찌 자포자기(自暴自棄)27)를 할 수 있겠는가!

085.

閑中不放過 忙處有受用
한 중 불 방 과　망 처 유 수 용

靜中不落空 動處有受用
정 중 불 락 공　동 처 유 수 용

暗中不欺隱 明處有受用
암 중 불 기 은　명 처 유 수 용

한가한 중에 헛되게 보내지 않으면

바쁠 때 쓸모가 있고

고요한 가운데 부질없는 것에 떨어지지 않으면

---

27) 자포자기(自暴自棄): 절망에 빠져 자신을 포기하고 돌아보지 않음.

움직여야 할 때 쓸모가 있으며
어두운 곳에서 속이거나 숨기지 않으면
밝은 곳에서 쓸모가 있느니라.

086.

念頭起處　纔覺向欲路上去　便挽從理路上來
염 두 기 처　재 각 향 욕 로 상 거　편 만 종 이 로 상 래

一起便覺　一覺便轉　此是轉禍爲福
일 기 편 각　일 각 편 전　차 시 전 화 위 복

起死回生的關頭　切莫輕易放過
기 사 회 생 적 관 두　절 막 경 이 방 과

생각이 일어나는 곳에서
조금이라도 욕망(欲望)의 길로 치닫는 것을 깨달았거든
문득 이끌어서 도리(道理)의 길로 쫓도록 해야 하느니라.
한 생각이 일어났을 때 문득 깨달아야 하고
한 번 깨달았으면 문득 되돌려야 하니
여기 이것이 화(禍)를 돌려서 복(福)이 되게 하고
죽음에서 일어나 삶으로 돌아오게 하는 관건인 것이니
간절히 바라건대 가볍고 쉽게 여기거나
함부로 내쳐버리지 말아야 하느니라.

087.

靜中念慮澄澈　見心之眞體
정 중 염 려 징 철　견 심 지 진 체

閑中氣象從容　識心之眞機
한 중 기 상 종 용　식 심 지 진 기

淡中意趣冲夷　得心之眞味
담 중 의 취 충 이　득 심 지 진 미

觀心證道　無如此三者
관 심 증 도　무 여 차 삼 자

고요한 가운데 생각을 맑게 지니면

마음의 참된 바탕을 보게 되고

한가한 가운데 기상(氣象)을 조용히 따르면

마음의 참된 작용을 알게 되느니라.

담담한 가운데 의식(意識)을 맑게 추스르면

마음의 참된 의미(意味)를 얻게 되나니

마음을 관(觀)하여 도(道)를 증득(證得)[28]하는 것에

여기 세 가지만한 것이 없느니라.

---

28) 증득(證得): 바른 지혜로써 진리(眞理)를 깨달아 얻음.

菜根譚、前集、八十七

靜中念慮澄徹 見心之真體 閒中氣象從容 識心之真機 淡中意趣冲夷 得心之真味 觀心證道 無如此三者

고요한 가운데 생각을 맑게 지니면
마음의 참된 바탕을 보게 되고
한가한 가운데 기상을 조용히 따르면
마음의 참된 기틀을 알게 되느니라.
담담한 가운데 의식을 맑게 추스르면
마음의 참된 의미를 얻게 되나니
마음을 관하여 도를 증득하는 것에
여기 세 가지만한 것이 없느니라.

088.

靜中靜 非眞靜 動處靜得來 纔是性天之眞境
정 중 정　비 진 정　동 처 정 득 래　재 시 성 천 지 진 경

樂處樂 非眞樂 苦中樂得來 纔見心體之眞機
낙 처 락　비 진 락　고 중 낙 득 래　재 견 심 체 지 진 기

고요한 가운데 고요함은 참된 고요가 아니요.

움직이는 곳에서 고요할 수 있어야

겨우 이것이 성품의 참된 경계라 하느니라.

즐거운 가운데 즐거워함은 참된 즐거움이 아니니

괴로운 가운데 즐거워할 수 있어야

비로소 마음 바탕의 참된 작용을 보는 것이니라.

089.

舍己毋處其疑 處其疑卽所舍之志多愧矣
사 기 무 처 기 의　처 기 의 즉 소 사 지 지 다 괴 의

施人毋責其報 責其報倂所施之心俱非矣
시 인 무 책 기 보　책 기 보 병 소 시 지 심 구 비 의

몸을 버려서 희생했거든

그것을 의심하는 일이 없어야 하고

그것을 의심하게 되면

곧 몸을 버려서 희생하였던 의지에

부끄러움만 많아지게 되느니라.

남에게 베풀었거든

그것을 갚기를 꾸짖지 말아야 하니

그것을 갚기를 꾸짖는다면

아울러 베풀었던 마음까지도 함께 그르치게 되느니라.

090.

天薄我以福 吾厚吾德以迓之
천 박 아 이 복   오 후 오 덕 이 아 지

天勞我以形 吾逸吾心以補之
천 로 아 이 형   오 일 오 심 이 보 지

天阨我以遇 吾亨吾道以通之
천 액 아 이 우   오 형 오 도 이 통 지

天且奈我何哉?
천 차 내 아 하 재

하늘이 나에게 주는 복이 박(薄)하면

나는 나의 덕을 두텁게 하여

이로써 맞아들일 것이요.

하늘이 내 몸을 수고롭게 하면

나는 내 마음을 편히 하여

이로써 보충할 것이니라.

하늘이 나의 처지를 곤궁(困窮)29)하게 하면

나는 나의 도(道)를 형통(亨通)하여

이로써 통하게 할 것이니

하늘이라 한들 나를 어찌할 수 있겠는가?

---

29) 곤궁(困窮): 가난하고 구차함.

091.

貞士無心徼福 天卽就無心處牖其衷
정 사 무 심 요 복　천 즉 취 무 심 처 유 기 충

憸人著意避禍 天卽就著意中奪其魄
섬 인 착 의 피 화　천 즉 취 착 의 중 탈 기 백

可見天之機權最神 人之智巧何益?
가 견 천 지 기 권 최 신　인 지 지 교 하 익

> 곧은 선비는 복을 구하는 마음이 없기에
> 하늘이 곧 무심(無心)한 곳으로 나아가서
> 그 복을 채워주고
> 간사한 사람은 재앙을 피하려고 애를 쓰는데
> 하늘이 곧 애쓰는 가운데로 나아가서
> 그의 넋을 빼앗느니라.
> 하늘의 작용과 권능(權能)[30]을 가장 신령하게 보여주는 것이니
> 사람의 지혜(智慧)와 기교(技巧)가 무슨 이익이 될 수 있겠는가?

092.

聲妓晩景從良 一世之胭花無碍
성 기 만 경 종 량　일 세 지 연 화 무 애

貞婦白頭失守 半生之情苦俱非
정 부 백 두 실 수　반 생 지 정 고 구 비

語云 "看人只看後半截" 眞名言也!
어 운　간 인 지 간 후 반 절　진 명 언 야

---

30) 권능(權能): 권세(權勢)와 능력(能力).

이름난 기생(妓生)도

늘그막에 남편을 따르면

한 세상의 연지(胭脂)와 화장에서 걸림이 없어지고

정결(貞潔)했던 부인(婦人)이라도

백발(白髮)에 정조(貞操)31)를 잃게 되면

반생 동안의 맑았던 절개(節槪)를 모두 그르치게 되느니라.

어(語)에 이르기를

"사람을 보려면 다만 후 반생을 보라 하였으니."

진실로 명언(名言)이로다!

093.

平民肯種德施惠 便是無位的公相
평 민 긍 종 덕 시 혜　　편 시 무 위 적 공 상

士夫徒貪權市寵 竟成有爵的乞人
사 부 도 탐 권 시 총　　경 성 유 작 적 걸 인

평민이라도 기꺼이 덕(德)을 심고 은혜(恩惠)를 베풀면

문득 이대로 자리 없는 재상(宰相)이라 하고

사대부(士大夫)32)가 한낱 권세를 탐하고 아첨이나 일삼는다면

마침내 벼슬아치의 허울을 쓴 거지라 하느니라.

---

31) 정조(貞操): 여자의 깨끗한 절개(節槪)와 지조(志操).

32) 사대부(士大夫): 문무(文武) 양반의 일반적인 총칭.

094.

問祖宗之德澤 吾身所享者是 當念其積累之難
문 조 종 지 덕 택　오 신 소 향 자 시　당 념 기 적 루 지 난

問子孫之福祉 吾身所貽者是 要思其傾覆之易
문 자 손 지 복 지　오 신 소 이 자 시　요 사 기 경 복 지 이

조상(祖上)의 덕(德)과 혜택(惠澤)을 묻는다면

내 몸이 누리는 바가 이것이니

마땅히 그것을 쌓기 어려운 점을 생각해야 하고

자손(子孫)의 복(福)을 묻는다면

내 몸이 끼쳐주는 바가 이것이니

모름지기 그것이 기우러지고 엎어지기 쉬운 것임을

생각해야 하느니라.

095.

君子而詐善 無異小人之肆惡
군 자 이 사 선　무 리 소 인 지 사 악

君子而改節 不及小人之自新
군 자 이 개 절　불 급 소 인 지 자 신

군자가 선(善)한 척 하면

소인이 방자하게 악(惡)을 짓는 것이나 다름없고

군자가 절개(節槪)를 고치게 되면

소인(小人)이 스스로 새로워지는 것에 미치지 못하느니라.

096.

家人有過 不宜暴怒 不宜輕棄
가인유과　불의폭로　불의경기

此事難言 借他事隱諷之
차사난언　차타사은풍지

今日不悟 俟來日再警之
금일불오　사내일재경지

如春風解凍 如和氣消氷 纔是家庭的型範
여춘풍해동　여화기소빙　재시가정적형범

　집안사람이 허물이 있거든

　사납게 성내지 말아야 하지만

　가볍게 내버려 두어서도 아니 되느니라.

　이 일을 말하기 어렵거든

　다른 일을 빌려서 넌지시 일깨워주고

　오늘 깨닫지 못하거든

　내일을 기다렸다가 다시 깨우쳐 주되

　마치 봄바람이 얼음을 녹이듯 하고

　온화한 기운에 얼음이 사라지듯이 해야 하니

　여기 이것이 가정을 다스리는 법도(法度)33)라 하느니라.

---

33) 법도(法度): 법률(法律)과 제도(制度).

097.

此心常看得圓滿 天下自無缺陷之世界
차 심 상 간 득 원 만　천 하 자 무 결 함 지 세 계

此心常放得寬平 天下自無險側之人情
차 심 상 방 득 관 평　천 하 자 무 험 측 지 인 정

이 마음을 항상 보아서

원만해지면

천하가 절로 결함이 없는 세계가 되고

이 마음을 내려놓아서

너그러워지면

천하에 절로 험악한 인정은 없어지게 되느니라.

098.

澹泊之士 必爲濃艶者所疑
담 박 지 사　필 위 농 염 자 소 의

檢飾之人 多爲放肆者所忌
검 식 지 인　다 위 방 사 자 소 기

君子處此 固不可少變其操履 亦不可太露其鋒芒
군 자 처 차　고 불 가 소 변 기 조 리　역 불 가 태 로 기 봉 망

담박(澹泊)한 선비는

반드시 호화로운 자들의 의심을 받게 되고

엄격한 사람은

흔히 방종(放縱)34)한 자들이 꺼리게 되니

---

34) 방종(放縱): 아무 거리낌 없이 자기 마음대로 행동함.

군자는 이런 경우에

견고히 하여 조금이라도 그 지조를 변치 말아야 하고

또한 그 칼날을 지나치게 드러내지 말아야 하느니라.

099.

居逆境中 周身皆鍼砭藥石 砥節礪行而不覺
거 역 경 중　주 신 개 침 폄 약 석　지 절 여 행 이 불 각

處順境內 眼前盡兵刃戈矛 銷膏靡骨而不知
처 순 경 내　안 전 진 병 인 과 모　소 고 미 골 이 부 지

역경(逆境)35) 속에 살게 되면

몸 주위가 모두 침(鍼)이요 약(藥)이어서

절개를 갈고 행실을 닦을 수 있는데도 깨닫지 못하고

순경(順境)36) 속에 처하게 되면

눈앞이 모두 칼과 창이라서

가슴을 찌르고 뼈를 깎는 것임에도 알지 못하느니라.

---

35) 역경(逆境): 일이 뜻대로 되지 않는 처지나 환경.

36) 순경(順境): 모든 일이 순조로운 환경.

100.

生長富貴叢中的 嗜欲如猛火 權勢似烈焰
생 장 부 귀 총 중 적　기 욕 여 맹 화　권 세 사 열 염

若不帶些淸冷氣味 其火焰不至焚人 必將自爍矣
약 부 대 사 청 랭 기 미　기 화 염 부 지 분 인　필 장 자 삭 의

부귀(富貴)하게 자란 사람은

욕심이 사나운 불같고

권세(權勢)란 흡사 작열하는 불꽃같은지라

만약 조금이라도 맑고 시원한 기운을 띠지 못하면

그 불꽃이 남을 태우는 데 이르지 않을지라도

반드시 장차 스스로를 태우게 되느니라.

만약 조금이라도 맑고 시원한 기운을 띠지 못한다면 그 불꽃이 남을 태우는데 이르지 않을지라도 반드시 갈 자 스스로를 태우게 되느니라

권세란 흡사 작렬하는 불꽃 같은지라 욕심이 사나운 불 같고 부귀하게 자란 사람은

菜根譚·前集·一00
生長富貴叢中的嗜
欲如猛火 權勢似烈焰
苦不帶些清冷氣味
其火焰不至焚人必
將自爍矣。

101.

人心一眞 便霜可飛 城可隕 金石可貫
인 심 일 진 편 상 가 비 성 가 운 금 석 가 관

若僞妄之人 形骸徒具 眞宰己亡
약 위 망 지 인 형 해 도 구 진 재 이 망

對人則面目可憎 獨居則形影自媿
대 인 즉 면 목 가 증 독 거 즉 형 영 자 괴

사람의 마음이 한결같게 "한(恨)"을 품으면

문득 오월(五月)에도 서리가 내리고

"통곡하니" 성(城)도 무너졌다[37] 하며

쇠나 돌도 뚫을 수 있다 했느니라.

만약 거짓된 사람은

형체만 한갓 갖추어서

참 주인은 이미 죽은 것이어서

사람을 대한즉 얼굴 표정이 증오에 차있고

홀로 있어도 곧 제 몸과 그림자에게도 절로 창피하리라.

---

37) 성가운(城可隕): 맹강녀(孟姜女), 민간(民間)에서 전승(傳承)되는 전설(傳說) 상의
사람. 진시황(秦始皇)이 장성(長城)을 쌓을 때 그녀의 남편 범희량(范喜梁)이 역군
(役軍)으로 동원되자 남편에게 겨울옷을 전해주려고 왔으나 이미 죽은 것을 알고
성 아래서 통곡(痛哭)하니 성이 무너지면서 남편의 유해(遺骸)가 나타났다고 한다.
후세에 강창(講唱: 희곡, 가곡)의 소재로 여러 차례 각색된바 있다.

102.

文章做到極處 無有他奇 只是恰好
문 장 주 도 극 처　무 유 타 기　지 시 흡 호

人品做到極處 無有他異 只是本然
인 품 주 도 극 처　무 유 타 리　지 시 본 연

문장(文章)이 지극한 경지에 이르게 되면

남보다 기이(奇異)한 점이 있는 것이 아니라

다만 알맞을 뿐이요.

인품(人品)이 지극한 경지에 이르게 되면

남보다 다른 점이 있는 것이 아니라

다만 이대로 근본이 자연스러울 뿐이니라.

103.

以幻迹言 無論功名富貴 卽肢體亦屬委形
이 환 적 언　무 론 공 명 부 귀　즉 지 체 역 속 위 형

以眞境言 無論父母兄弟 卽萬物皆吾一體
이 진 경 언　무 론 부 모 형 제　즉 만 물 개 오 일 체

人能看得破認得眞 纔可任天下之負擔
인 능 간 득 파 인 득 진　재 가 임 천 하 지 부 담

亦可脫世間之韁鎖
역 가 탈 세 간 지 강 쇄

허수아비 같은 자취로 말하자면

공명(功名)이나 부귀(富貴)는 논할 것도 없거니와

곧 몸뚱이조차 또한 형체를 잠시 빌린 것에 속한 것이니라.

참 경계로써 말하자면

부모형제(父母兄弟)는 말할 것도 없고

곧 만물(萬物)이 모두 나와 한 몸뚱이니라.

사람이 능히 "형체를 빌린 것을" 간파할 수 있고

"모두 나와 한 몸뚱이임을" 제대로 알게 되면

비로소 천하(天下)의 짐을 맡을 만하다 하고

또한 세간의 구속에서 벗어났다 하느니라.

104.

爽口之味 皆爛腸腐骨之藥 五分便無殃
상 구 지 미　개 난 장 부 골 지 약　오 분 편 무 앙

快心之事 悉敗身喪德之媒 五分便無悔
쾌 심 지 사　실 패 신 상 덕 지 매　오 분 편 무 회

입에 상쾌한 맛은

모두 창자를 상(傷)하고 뼈를 썩히게 하는 약(藥)이니

적당히 먹어야 문득 재앙(災殃)이 없고

마음을 유쾌하게 하는 일은

모두가 몸을 망치고 덕(德)을 잃게 하는 매개체(媒介體)이니

알맞게 해야 문득 후회(後悔)가 없느니라.

105.

不責人小過 不發人陰私 不念人舊惡
불 책 인 소 과　불 발 인 음 사　불 념 인 구 악

三者可以養德 亦可以遠害
삼 자 가 이 양 덕　역 가 이 원 해

남의 작은 허물은 꾸짖지 말아야 하고

남의 숨기고 싶은 비밀은 폭로하지 말아야 하며

남의 지난 잘못은 생각하지 말아야 하니

이 세 가지는

이로써 덕(德)을 기르고

또한 이로써 해(害)를 멀리할 수 있느니라.

106.

士君子 持身不可輕 輕則物能撓我
사 군 자 지 신 불 가 경 경 즉 물 능 요 아

而無悠閑鎮定之趣
이 무 유 한 진 정 지 취

用意不可重 重則我爲物泥 而無瀟灑活潑之機
용 의 불 가 중 중 즉 아 위 물 니 이 무 소 쇄 활 발 지 기

사군자(士君子)는

몸가짐을 가볍게 하지 말아야 하니

가볍게 한즉 사물도 능히 나를 흔들 것이며

느긋하고 침착한 멋을 없게 하느니라.

마음을 쓰되 무겁게 하여서는 아니 되니

무겁게 한즉 내가 진흙에 빠진 물건처럼 굳어서

소탈하고 활발한 작용이 없게 되느니라.

107.

天地有萬古 此身不再得
천 지 유 만 고 차 신 부 재 득

人生只百年 此日最易過
인 생 지 백 년 차 일 최 이 과

幸生其間者 不可不知有生之樂
행 생 기 간 자 불 가 부 지 유 생 지 락

亦不可不懷虛生之憂
역 불 가 불 회 허 생 지 우

하늘과 땅은 영원한 것이나

이 몸은 두 번 다시 얻을 수 없느니라.

인생은 다만 백 년인데

여기 하루라 하여 가장 쉽게 보내서야 되겠는가?

다행히 그 사이에 태어난 자는

삶이 즐거움이란 것임을 꼭 알아야 하고

또한 헛된 삶은 근심이란 것을 꼭 가슴에 품어야 하느니라.

108.

怨因德彰 故使人德我 不若德怨之兩忘
원 인 덕 창　고 사 인 덕 아　불 약 덕 원 지 양 망

仇因恩立 故使人知恩 不若恩仇之俱泯
구 인 은 립　고 사 인 지 은　불 약 은 구 지 구 민

원한(怨恨)은 덕(德)으로 인하여 드러나니

그러므로 사람들로 하여금 내가 덕(德)이 있다고 여기게 하는 것은

덕(德)과 원한(怨恨)을 둘 다 잊게 하는 것만 같지 못하고

원수는 은혜로 인하여 성립(成立)되나니

그러므로 사람들로 하여금 은혜(恩惠)로 여기게 하는 것은

은혜와 원수(怨讐)를 함께 없애는 것만 같지 못하다 하느니라.

109.

老來疾病 都是壯時招的
노 래 질 병　도 시 장 시 초 적

衰後罪孽 都是盛時作的
쇠 후 죄 얼　도 시 성 시 작 적

故持盈履滿 君子尤兢兢焉
고 지 영 리 만　군 자 우 긍 긍 언

늙어서 오는 질병은

모두 이대로 젊었을 때 초래(招來)한 것이며

쇠퇴한 뒤의 재앙은 모두 번성할 때 지은 것이니라.

그러므로 성(盛)하고 가득 찼을 때

군자(君子)는 더욱 두려워하고 조심해야 하느니라.

110.

市私恩 不如扶公議
시 사 은　불 여 부 공 의

結新知 不如敦舊好
결 신 지　불 여 돈 구 호

立榮名 不如種隱德
입 영 명　불 여 종 은 덕

尚奇節 不如謹庸行
상 기 절　불 여 근 용 행

사사로이 은혜(恩惠)를 베푸는 것은

공론(公論)을 따르는 것만 같지 못하고

새로 지인(知人)을 만드는 것은

옛 친구와 우호(友好)를 돈독(敦篤)히 하는 것만 같지 못하느니라.

영화(榮華)나 명예(名譽)를 세우려는 것은

숨은덕을 심는 것만 같지 못하고

기이한 절개를 숭상하는 것은

삼가 떳떳하게 행동하는 것만 같지 못하느니라.

111.

公平正論不可犯手 一犯則貽羞萬世
공 평 정 론 불 가 범 수　일 범 즉 이 수 만 세

權門私竇不可著脚 一著則點汚終身
권 문 사 두 불 가 착 각　일 착 즉 점 오 종 신

공평(公平)하고 바른 의견은

손대는 것이 옳지 않으니

한 번 손댄즉 부끄러움을 만세에 남기게 되느니라.

권세 있는 집안이나 사리(私利)를 탐하는 곳은

발을 들여놓아서는 안 되니

한 번 발을 들여놓은즉 더러움이 종신토록 남느니라.

112.

曲意而使人喜 不若直躬而使人忌
곡 의 이 사 인 희　불 약 직 궁 이 사 인 기

無善而致人譽 不若無惡而致人毁
무 선 이 치 인 예　불 약 무 악 이 치 인 훼

뜻을 굽혀서 남을 기쁘게 하는 것은

몸을 곧게 하여

사람들로 하여금 미움을 받는 것만 같지 못하고

선(善)함도 없이 남의 칭찬을 받는 것은

악(惡)함이 없이 사람들의 헐뜯음을 받는 것만 같지 못하느니라.

113.

處父兄骨肉之變 宜從容不宜激烈
처 부 형 골 육 지 변　의 종 용 불 의 격 렬

遇朋友交遊之失 宜剴切不宜優游
우 붕 우 교 류 지 실　의 개 절 불 의 우 유

부모와 형제의 변(變)을 당할지라도

마땅히 침착해야 하니

격렬한 것은 마땅치 않느니라.

친구들과 교류하다가 실수를 만나게 되거든

마땅히 간절하게 충고를 하되

우유부단(優柔不斷)하는 것은 마땅치 않느니라.

114.

小處不滲漏 暗中不欺隱
소 처 불 삼 루　암 중 불 기 은

末路不怠荒 纔是個眞正英雄
말 로 불 태 황　재 시 개 진 정 영 웅

작은 일에도 소홀하지 않고

어두운 곳에서도 속이거나 숨기지 아니하며

막다른 길에서도 포기하지 않아야

비로소 이를 진정한 영웅(英雄)이라 하느니라.

115.

千金難結一時之歡 一飯竟致終身之感
천 금 난 결 일 시 지 환　일 반 경 치 종 신 지 감

蓋愛重反爲仇 薄極翻成喜也
개 애 중 반 위 구　박 극 번 성 희 야

천금(千金)으로도

한 때의 환심(歡心)조차 맺기 어렵지만

한 그릇의 밥으로도

마침내 종신(終身)토록 감동케 하느니라.

대개 사랑이 무거우면 도리어 원수가 되기도 하고

절박함이 지극하다 보면 도리어 기쁨을 이루느니라.

116.

藏巧於拙 用晦而明
장 교 어 졸 용 회 이 명

寓淸于濁 以屈爲伸
우 청 우 탁 이 굴 위 신

眞涉世之一壺 藏身之三窟也
진 섭 세 지 일 호 장 신 지 삼 굴 야

교묘함을 서투른 듯이 감추고

어두운 곳에 작용하여 밝게 하며

맑으면 맑은 대로 흐리면 흐린 대로 어울려서

이로써 굽히기도 하고 펴기도 하는 것이

진정으로 세상을 살아가는 하나의 길이요.

몸을 감추는 세 개의 굴이라 하느니라.

117.

衰颯的景象就在盛滿中 發生的機緘卽在零落內
쇠 삽 적 경 상 취 재 성 만 중 발 생 적 기 함 즉 재 영 락 내

故君子 居安宜操一心以慮患
고 군 자 거 안 의 조 일 심 이 여 환

處變當堅百忍以圖成
처 변 당 견 백 인 이 도 성

쇠락(衰落)한 모습은

번성(繁盛)한데서 나온 것이요.

싹이 틀 기미가 보이는 것은

곧 시든 안에 있는 것이니라.

그러므로 군자는 편안할 때에 마땅히 한 마음을 다잡아서
이로써 후환(後患)을 염려해야 하고
변고를 당하였을 때 마땅히 백 번을 참고 견뎌서
이로써 성공을 도모(圖謀)해야 하느니라.

118.

驚奇喜異者 無遠大之識
경 기 희 이 자　무 원 대 지 식

苦節獨行者 非恒久之操
고 절 독 행 자　비 항 구 지 조

기이(奇異)한 것에 기뻐하고 놀라는 자는
원대(遠大)한 지식이 없는 것이요.
괴롭게 절개를 홀로 행하는 자는
항구적인 지조(志操)가 아니니라.

119.

當怒火慾水正騰沸處 明明知得 又明明犯著
당 노 화 욕 수 정 등 비 처　명 명 지 득　우 명 명 범 착

知的是誰? 犯的又是誰?
지 적 시 수　범 적 우 시 수

此處能猛然轉念 邪魔便爲眞君矣
차 처 능 맹 연 전 념　사 마 편 위 진 군 의

분노의 불이 타오르고

욕망의 물이 끓어오르는 곳을 당하면

분명히 이를 알면서도

또한 분명히 범하려고도 하니

아는 것은 이것이 누구이며

범하는 것은 또한 이것이 누구인가?

여기에서 능히 맹렬하게 생각을 돌린다면

삿된 마귀(魔鬼)가 문득 참된 주인공(主人公)이 되느니라.

120.

毋偏信而爲奸所欺 毋自任而爲氣所使
무 편 신 이 위 간 소 기　무 자 임 이 위 기 소 사

毋以己之長而形人之短 毋以己之拙而忌人之能
무 이 기 지 장 이 형 인 지 단　무 이 기 지 졸 이 기 인 지 능

한쪽 말만 믿다가

간사한 사람의 속이는 바가 되지 말아야 하고

자기 힘만 믿다가

객기(客氣)를 부리는 바가 되지 말아야 하며

자기의 장점을 내세우고자

남의 단점을 드러내지 말아야 하고

자기가 서툴다 하여

남의 능(能)함을 꺼리지 말아야 하느니라.

121.

人之短處 要曲爲彌縫 如暴而揚之 是以短攻短
인 지 단 처　요 곡 위 미 봉　여 폭 이 양 지　시 이 단 공 단

人有頑的 要善爲化誨 如忿而疾之 是以頑濟頑
인 유 완 적　요 선 위 화 회　여 분 이 질 지　시 이 완 제 완

남의 단점은

간곡히 덮어 주어야 하는데

만약 폭로하고 알린다면

이는 자기의 단점으로써

남의 단점을 공격하는 것이 되느니라.

남이 완고한 점이 있다면

잘 타이르고 깨우쳐 주어야 하는데

만약 성내고 미워하면

이는 자기의 완고함으로

남의 완고함을 제도하려는 것과 같으니라.

122.

遇沈沈不語之士 且莫輸心
우 침 침 불 어 지 사　차 막 수 심

見悻悻自好之人 應須防口
견 행 행 자 호 지 인　응 수 방 구

음흉하여 말하지 않는 사람을 만나거든

또한 마음을 드러내지 말아야 하고

발끈 성을 내고 스스로 잘난 체 하는 사람을 보게 되면

응당 모름지기 입을 다물어야 하느니라.

123.

念頭昏散處要知提醒 念頭喫緊時要知放下
염 두 혼 산 처 요 지 제 성　염 두 끽 긴 시 요 지 방 하

不然 恐去昏昏之病 又來憧憧之擾矣
불 연　공 거 혼 혼 지 병　우 래 동 동 지 요 의

생각이 어수선할 때는

마음을 추스를 줄 알아야 하고

생각이 긴장될 때에는

생각을 내려놓을 줄 알아야 하느니라.

만약 그렇게 하지 못하면

답답한 병을 고치려다가

또한 조바심에 혼란만 오게 할 뿐이니라.

124.

霽日青天 倏變爲迅雷震電
제 일 청 천　숙 변 위 신 뇌 진 전

疾風怒雨 倏轉爲朗月晴空
질 풍 노 우　숙 전 위 낭 월 청 공

氣機何常? 一毫凝滯
기 기 하 상　일 호 응 체

太虛何常? 一毫障塞
태 허 하 상　일 호 장 색

人之心體亦當如是
인 지 심 체 역 당 여 시

갠 날 푸른 하늘이

갑자기 변하여 우레와 번개가 치기도 하고

사납고 성난 비바람이 치다가

홀연히 밝은 달, 맑게 갠 하늘이 되나니

기상이 어찌 한결같다던가?

한 올의 터럭이 엉킴 때문이리라.

허공이 어찌 한결 같겠는가?

한 올의 터럭이 막힘 때문이니라.

사람의 마음 바탕도

또한 마땅히 이와 같으니라.

125.

勝私制欲之功 有曰 識不早力不易者
승 사 제 욕 지 공 유 왈 식 부 조 역 불 이 자

有曰 識得破忍不過者
유 왈 식 득 파 인 불 과 자

蓋識是一顆照魔的明珠
개 식 시 일 과 조 마 적 명 주

力是一把斬魔的慧劍 兩不可少也
역 시 일 파 참 마 적 혜 검 양 불 가 소 야

사사로운 정을 이겨내고 욕망을 억제하는 공을 이루려면

이르기를 의식(意識)[38]에서 일찍 뽑아내지 않으면

힘으로는 쉽지 않다 하였느니라.

이르기를 방법을 알았다 하더라도

참고 견디지 못하는 것이라고 하는데

대개 의식(意識)은

이대로 마귀를 비추어내는 하나의 밝은 구슬이며

힘은 이대로 마귀를 베어내는 한 자루 지혜의 칼이라 하니

이 둘은 감소(減少)해서는 아니 되는 것이니라.

---

38) 의식(意識): 깨어있는 상태에서 자기 자신이나 사물에 대하여 인식(認識)하는 것.

126.

覺人之詐不形於言 受人之侮不動於色
각 인 지 사 불 형 어 언　수 인 지 모 부 동 어 색

此中有無窮意味 亦有無窮受用
차 중 유 무 궁 의 미　역 유 무 궁 수 용

남이 속이려는 것을 깨닫고도

말로 나타내지 않고

남의 수모를 받고서도

낯빛을 움직이지 않으면

이 가운데 무궁한 의미가 있는 것이며

또한 무궁한 수용이 있는 것이니라.

127.

橫逆困窮是鍛鍊豪傑的一副爐錘
횡 역 곤 궁 시 단 련 호 걸 적 일 부 노 추

能受其鍛鍊則身心交益 不受其鍛鍊則身心交損
능 수 기 단 련 즉 신 심 교 익　불 수 기 단 련 즉 신 심 교 손

역경(逆境)과 곤궁(困窮)은

이대로 호걸을 단련하는 하나의 용광로와 망치이니

능히 그 단련을 받으면

곧 몸과 마음이 유익하게 되고

그 단련을 받지 않으면

곧 몸과 마음이 손상되느니라.

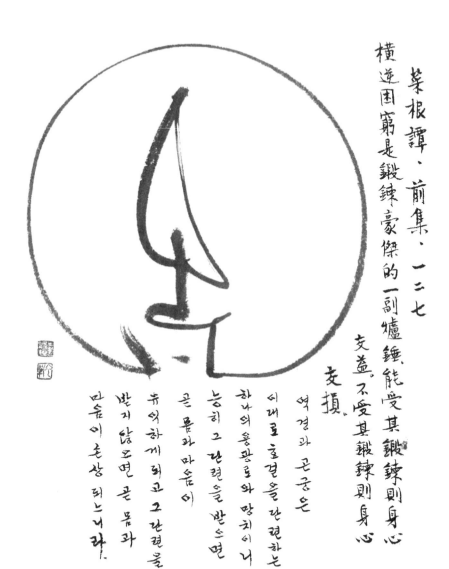

菜根譚・前集・一二七

横逆困窮是鍛錬豪傑的一副爐錘。能受其鍛錬則身心支益。不受其鍛錬則身心支損。

역경과 곤궁은
시대로 호걸을 단련하는
하나의 용광로와 망치이니
능히 그 단련을 받으면
곧 몸과 마음이
유익하게 되고 그 단련을
받지 않으면 곧 몸과
마음이 손상 되느니라.

128.

吾身一小天地也 使喜怒不愆
오 신 일 소 천 지 야 사 희 로 불 건

好惡有則 便是燮理的功夫
호 악 유 즉 편 시 섭 리 적 공 부

天地一大父母也
천 지 일 대 부 모 야

使民無怨咨 物無氛疹 亦是敦睦的氣象
사 민 무 원 자 물 무 분 진 역 시 돈 목 적 기 상

나의 몸은

작은 하나의 천지(天地)라 하니

기쁨이나 성냄으로 하여금 그르침이 없게 해야 하고

좋아하고 미워함에 법도가 있게 되면

문득 이것이 조화하고 다스리는 공부니라.

천지(天地)는

하나의 위대한 부모(父母)라 하니

백성들로 하여금 원망이 없게 해야 하고

만물로 하여금 병이 없게 해야 하니

또한 이것이 화목(和睦)하게 하는 기상이니라.

129.

害人之心不可有 防人之心不可無 此戒疎於慮也
해 인 지 심 불 가 유 방 인 지 심 불 가 무 차 계 소 어 여 야

寧受人之欺 毋逆人之詐 此警傷於察也
영 수 인 지 기 무 역 인 지 사 차 경 상 어 찰 야

二語並存 精明而渾厚矣
이 어 병 존 정 명 이 혼 후 의

남을 해치려는 마음이

있어서도 안 되겠지만

남의 해를 막으려는 마음이

없어서도 안 되니

이는 생각을 소홀히 할까 경계한 것이니라.

차라리 남의 속임을 당할지언정

역(逆)으로 남을 속이지는 말라 하였으니

이는 지나치게 살피다가 상처 받을까 경계한 것이요.

이 두 마디를 아울러 지닌다면

정신을 밝게 하고 덕을 두텁게 하리라.

130.

毋因群疑而阻獨見 毋任己意而廢人言
무 인 군 의 이 조 독 견 무 임 기 의 이 폐 인 언

毋私小惠而傷大體 毋借公論以快私情
무 사 소 혜 이 상 대 체 무 차 공 론 이 쾌 사 정

여러 사람이 의심한다 하여

자신의 견해를 굽히지 말아야 하고

자기 의견을 고집하기 위하여

남의 말을 물리치지 말아야 하느니라.

사사로운 작은 은혜 때문에

전체를 손상시키지 말아야 하고

공론(公論)을 빌려

이로써 삿된 감정을 분풀이 하지 말아야 하느니라.

131.

善人未能急親 不宜預揚 恐來讒諮之奸
선 인 미 능 급 친　불 의 예 양　공 래 참 참 지 간

惡人未能輕去 不宜先發 恐招媒孽之禍
악 인 미 능 경 거　불 의 선 발　공 초 매 얼 지 화

착한 사람이라도 급히 친해지지 않는다 하여

미리 칭찬하는 것은 마땅치 않으니

아첨하고 간사하다 할까 두려우니라.

악한 사람이라도 가볍게 떠나지 않는다 하여

먼저 가라고 하는 것은 마땅치 않으니

빌미가 되어 화를 부르게 될까 두려우니라.

132.

靑天白日的節義 自暗屋漏室中培來
청 천 백 일 적 절 의　자 암 옥 누 실 중 배 래

旋乾轉坤的經綸 自臨深履薄處操出
선 건 전 곤 적 경 륜　자 임 심 리 박 처 조 출

청천백일같이 빛나는 절의(節義)[39]는

어두운 방의 물이 새는 곳에서 배양되는 것이며

하늘과 땅을 들었다 놓았다 하는 경륜(經綸)[40]도

깊은 연못에 임해보고 얇은 얼음을 밟아보며 얻는 것이니라.

133.

父慈子孝 兄友弟恭 終做到極處
부 자 자 효　형 우 제 공　종 주 도 극 처

俱是合當如此 著不得一毫感激的念頭
구 시 합 당 여 차　착 부 득 일 호 감 격 적 염 두

如施者任德 受者懷恩 便是路人 便成市道矣
여 시 자 임 덕　수 자 회 은　편 시 노 인　편 성 시 도 의

아버지가 자애(慈愛)하고 아들이 효도하며

형은 우애하고 아우는 공경하여

비록 지극한 곳에 이르렀다 해도

모두 이는 이렇게 해야 합당한 것이니라.

털끝만큼이라도 감정에 치우쳐서는 안 되니

만약 베푸는 자는 덕(德)으로 여기고

---

39) 절의(節義): 절개와 의리.

40) 경륜(經綸): 포부를 가지고 일을 조직적으로 계획함.

받는 자가 은혜(恩惠)로 생각하면

문득 이대로 길에서 만난 남들끼리 하는 짓이며

어쩌면 시장 장사꾼이 가는 길이니라.

134.

有妍必有醜爲之對　我不誇妍　誰能醜我?
유 연 필 유 추 위 지 대　아 불 과 연　수 능 추 아

有潔必有汚爲之仇　我不好潔　誰能汚我?
유 결 필 유 오 위 지 구　아 불 호 결　수 능 오 아

아름다움이 있으면

반드시 추한 것도 있어서 상대가 되고 있으니

내가 아름다움을 자랑하지 않으면

누가 능히 나를 추하다고 할 것이며

깨끗함이 있으면

반드시 더러움도 있어서 짝을 이루나니

내가 깨끗한 것을 좋아하지 않는다면

누가 능히 나를 더럽히려고 하겠는가?

135.

炎凉之態 富貴更甚於貧賤
염 량 지 태 부 귀 갱 심 어 빈 천

妬忌之心 骨肉尤狠於外人
투 기 지 심 골 육 우 한 어 외 인

此處若不當以冷腸 御以平氣
차 처 약 부 당 이 냉 장 　 어 이 평 기

鮮不日坐煩惱障中矣
선 불 일 좌 번 뇌 장 중 의

이랬다저랬다 하는 변덕이라면

부귀(富貴)한 이가 다시 가난하고 천한 사람보다 심하고

질투하고 시기하는 마음은

골육(骨肉)끼리가 남보다 더욱 사납다 하니

여기에서

만약 냉정(冷情)한 마음으로 감당하거나

평온한 기운으로 제어하지 못하면

번뇌와 장애 속에 머물지 않는 날이 드물 것이니라.

136.

功過不容少混 混則人懷惰墮之心
공 과 불 용 소 혼 　 혼 즉 인 회 타 타 지 심

恩仇不可太明 明則人起携貳之志
은 구 불 가 태 명 　 명 즉 인 기 휴 이 지 지

공과 허물은

조금이라도 혼동하거나 용납하지 않아야 하니

혼동한즉 사람들이 게으른 마음을 품게 되고
은혜(恩惠)와 원한(怨恨)은
지나치게 밝히지 말아야 하니
밝힌즉 사람들이 떠날 생각을 하게 되느니라.

137.

爵位不宜太盛　太盛則危
작 위 불 의 태 성　　태 성 즉 위

能事不宜盡畢　盡畢則衰
능 사 불 의 진 필　　진 필 즉 쇠

行誼不宜過高　過高則謗興而毀來
행 의 불 의 과 고　　과 고 즉 방 흥 이 훼 래

벼슬이
지나치게 높은 것은 마땅치 않으니
지나치게 높은즉 위태로워지느니라.
능숙한 일이라도
힘껏 다하지 말아야 하니
힘껏 다한즉 쇠퇴해지느니라.
행실은
지나치게 고상하지 말아야 하니
지나치게 고상한즉 비방과 헐뜯음을 받게 되느니라.

138.

惡忌陰 善忌陽
악 기 음　선 기 양

故惡之顯者禍淺　而隱者禍深
고 악 지 현 자 화 천　이 은 자 화 심

善之顯者功小　而隱者功大
선 지 현 자 공 소　이 은 자 공 대

악(惡)은 음지(陰地)에 가려있는 것을 꺼려야 하고

선(善)은 양지(陽地)로 드러나는 것을 꺼려야 하느니라.

그러므로 악(惡)이 드러나면 재앙(災殃)도 얕기 마련이고

악(惡)이 숨어있으면 재앙(災殃)도 깊기 마련이니라.

선(善)은 드러나면 공(功)도 작고

선(善)이 숨어있으면 공(功)도 크기 마련이니라.

139.

德者才之主 才者德之奴
덕 자 재 지 주　재 자 덕 지 노

有才無德 如家無主而奴用事矣
유 재 무 덕　여 가 무 주 이 노 용 사 의

幾何不魍魎而猖狂?
기 하 불 망 량 이 창 광

덕(德)은 재능(才能)의 주인이어야 하고

재능(才能)은 덕(德)의 노예(奴隸)여야 하느니라.

재능만 있고 덕이 없는 것은

마치 집에 주인은 없고

종이 일을 부리는 것과 같을 것이니

어찌 도깨비가 미처 날뛰지 않을 수 있겠는가?

140.

鋤奸杜倖 要放他一條去路
서 간 두 행　요 방 타 일 조 거 로

若使之一無所容 譬如塞鼠穴者
약 사 지 일 무 소 용　비 여 색 서 혈 자

一切去路都塞盡 則一切好物俱咬破矣
일 체 거 로 도 색 진　즉 일 체 호 물 구 교 파 의

간사(奸邪)한 무리를 없애고

아첨(阿諂)하는 무리를 막으려면

아무쪼록 한 가닥 도망갈 길을 터놓아야 하느니라.

만약 조금이라도 용납할만한 바가 없게 되면

비유하면 쥐구멍을 막는 것과 같아서

일체의 도망갈 길이 모두 막히게 되면

곧 일체 좋아하는 물건까지도 마구 물어뜯게 되느니라.

141.

當與人同過 不當與人同功 同功則相忌
당 여 인 동 과　부 당 여 인 동 공　동 공 즉 상 기

可與人共患難 不可與人共安樂 安樂則相仇
가 여 인 공 환 난　불 가 여 인 공 안 락　안 락 즉 상 구

　　허물은 사람들과 더불어 함께하는 것이 마땅하나

　　공(功)은 남과 더불어 함께하는 것은 마땅치 않으니

　　공(功)을 함께한즉 서로 시기(猜忌)하게 되느니라.

　　남과 환란(患難)은 함께할 수 있으나

　　남과 안락(安樂)은 함께할 수 없으니

　　안락을 함께한즉 서로 원수(怨讐)가 되느니라.

142.

士君子 貧不能濟物者
사 군 자　빈 불 능 제 물 자

遇人痴迷處 出一言提醒之
우 인 치 미 처　출 일 언 제 성 지

遇人急難處 出一言解救之 亦是無量功德
우 인 급 난 처　출 일 언 해 구 지　역 시 무 량 공 덕

　　사군자(士君子)41)가

　　가난하여 물질적으로 남을 구제해 주지 못하는 자는

　　남이 어리석어 미혹(迷惑)에 빠졌을 때

　　한 마디 말로 깨우쳐 주어야 하고

---

41) 사군자(士君子): 덕행(德行)이 높고 학문(學問)이 깊은 사람.

남이 급한 어려움을 만났을 때는

한 마디 말로 풀어서 구제(救濟)해야 하니

또한 이것을 헤아릴 수 없는 공덕(功德)이라 하느니라.

143.

饑則附 飽則颺
기 즉 부 포 즉 양

燠則趨 寒則棄 人情通患也
욱 즉 추 한 즉 기 인 정 통 환 야

배고프면 따르고

배부르면 떠나며

따뜻하면 모이고

차면 버리는 것이

인정(人情)으로 통해지는 우환(憂患)이니라.

144.

君子宜淨拭冷眼 愼勿輕動剛腸
군 자 의 정 식 냉 안 신 물 경 동 강 장

군자(君子)는

마땅히 냉정한 안목을 깨끗이 닦아야 하고

굳은 신념으로

삼가하며 가볍게 움직이지 말아야 하느니라.

145.

德隨量進 量由識長
덕 수 양 진　양 유 식 장

故欲厚其德 不可不弘其量
고 욕 후 기 덕　불 가 불 홍 기 량

欲弘其量 不可不大其識
욕 홍 기 량　불 가 불 대 기 식

덕은 도량(度量)42)을 따라 나아가고

도량은 지식(知識)으로 말미암아 자라는 것이니

그러므로 그 덕(德)을 두텁게 하고 싶으면

그 도량을 넓히지 않으면 안 되고

그 도량을 넓히고 싶으면

그 지식을 키우지 않으면 아니 되느니라.

---

42) 도량(度量): 너그러운 마음과 깊은 생각.

146.

一燈螢然 萬籟無聲 此吾人初入宴寂時也
일 등 형 연　만 뢰 무 성　차 오 인 초 입 연 적 시 야

曉夢初醒 群動未起 此吾人初出混沌處也
효 몽 초 성　군 동 미 기　차 오 인 초 출 혼 돈 처 야

乘此而一念廻光 炯然返照
승 차 이 일 념 회 광　형 연 반 조

始知耳目口鼻皆桎梏 而情欲嗜好悉機械矣
시 지 이 목 구 비 개 질 곡　이 정 욕 기 호 실 기 계 의

등불 하나 반짝이고

삼라만상(森羅萬象)이 고요할 제

이는 우리들이 처음 편안히 잠들 때이니라.

새벽꿈에서 갓 깨어나고

만물이 아직 일어나지 않을 제

이는 우리들이 혼돈(混沌) 속에서 나올 때이니라.

이를 계기로 한 생각을 반조(返照)[43]하여 밝게 돌이켜 비춰 보면

이목구비(耳目口鼻)가 모두 몸을 묶는 수갑이며

정욕(情欲)과 기호(嗜好)[44]가 다 몸을 타락시키는 기계임을

비로소 알게 되느니라.

---

43) 반조(返照): 빛이 반사되어 비침.

44) 기호(嗜好): 즐기고 좋아함.

147.

反己者 觸事皆成藥石
반 기 자　촉 사 개 성 약 석

尤人者 動念卽是戈矛
우 인 자　동 념 즉 시 과 모

一以闢衆善之路 一以濬諸惡之源 相去霄壤矣
일 이 벽 중 선 지 로　일 이 준 제 악 지 원　상 거 소 양 의

　자기를 반성(反省)하는 자는

　부딪히는 일마다 모두 약(藥)이 되고

　남을 탓하는 자는

　생각마다 곧 이대로 흉기(凶器)가 되느니라.

　하나는 이로써 모든 선(善)의 길로 열어주는 것이고

　하나는 이로써 모든 악(惡)의 근원으로 가게 하는 것이니

　서로의 거리는 하늘과 땅 차이니라.

148.

事業文章隨身銷毀 而精神萬古如新
사 업 문 장 수 신 소 훼　이 정 신 만 고 여 신

功名富貴逐世轉移 而氣節千載一日
공 명 부 귀 축 세 전 이　이 기 절 천 재 일 일

君子信不當以彼易此也
군 자 신 부 당 이 피 역 차 야

　사업(事業)과 문장(文章)은

　몸을 따라서 사라지게 되지만

　정신은 만고에 새로우니라.

공명(功名)과 부귀(富貴)는

세상을 쫓아 구르고 옮겨지는 것이나

의기와 절개는 천 년이 지나가도 하루 같으니라.

군자는 믿고서

마땅히 저것45)으로써 이것46)과 바꿔서는 아니 되느니라.

149.

魚網之設 鴻則罹其中
어 망 지 설 　 홍 즉 이 기 중

螳螂之貪 雀又乘其後
당 랑 지 탐 　 작 우 승 기 후

機裡藏機 變外生變 智巧何足恃哉!
기 리 장 기 　 변 외 생 변 　 지 교 하 족 시 재

고기 잡는 그물을 쳐 놓았는데

기러기가 곧 "잡힌 물고기를 먹으려다" 그 속에 걸려 들고

사마귀가 "매미를" 탐하려는데

참새가 또 그 배후에서 "사마귀를" 엿본다 하니

작용 속에 작용이 감추어져 있고

변고(變故) 밖에 변고가 생기고 있는 것이니

지혜(智慧)와 기교(技巧)라 한들 어찌 믿을 수 있겠는가!

---

45) 저것: 사업(事業)과 문장(文章). 공명(功名)과 부귀(富貴).

46) 이것: 정신(精神)과 의기(義氣)와 절개(節槪).

150.

作人無點眞懇念頭 便成個花子 事事皆虛
작 인 무 점 진 간 염 두　편 성 개 화 자　사 사 개 허

涉世無段圓活機趣 便是個木人 處處有碍
섭 세 무 단 원 활 기 취　편 시 개 목 인　처 처 유 애

사람됨에

한 점의 참된 생각이 없다면

문득 한낱 허수아비가 되는 것이니

하는 일마다 모두 허망할 것이요.

세상을 살아감에

원만하고 활기찬 작용과 멋이 없다면

문득 이대로 한 개의 장승일 뿐이니

곳곳마다 장애(障礙)가 있으리라.

151.

水不波則自定 鑑不翳則自明
수 불 파 즉 자 정　감 불 예 즉 자 명

故心無可淸 去其混之者而淸自現
고 심 무 가 청　거 기 혼 지 자 이 청 자 현

樂不必尋 去其苦之者而樂自存
낙 불 필 심　거 기 고 지 자 이 락 자 존

물에 물결이 일지 않은즉 스스로 안정되고

거울에 먼지가 끼지 않은즉 절로 밝아지느니라.

그러므로 마음은 굳이 맑힐 것이 없으니

흐림이 사라지면 맑음이 절로 나타나게 되느니라.

즐거움을 애써 찾을 것이 없으니

괴로움을 버리면 즐거움은 절로 있기 마련이니라.

152.

有一念而犯鬼神之禁 一言而傷天地之和
유 일 념 이 범 귀 신 지 금　　일 언 이 상 천 지 지 화

一事而釀子孫之禍者 最宜切戒
일 사 이 양 자 손 지 화 자　　최 의 절 계

　한 생각이 귀신(鬼神)의 금기(禁忌)를 범할 수 있고

　한 마디 말이 천지의 조화(造化)를 상(傷)할 수도 있으며

　한 가지 일이 자손에게 재앙을 빚을 수도 있으니

　가장 마땅한 것은 간절히 경계(警戒)해야 하느니라.

153.

事有急之不白者 寬之或自明 毋躁急以速其忿
사 유 급 지 불 백 자　관 지 혹 자 명　무 조 급 이 속 기 분

人有操之不從者 縱之或自化 毋操切以益其頑
인 유 조 지 부 종 자　종 지 혹 자 화　무 조 절 이 익 기 완

　일을 서두르다보면 밝히지 못하기도 하는데

　너그럽게 하면 혹 절로 밝혀지기도 하니

　조급히 굴다가 이로써 분노를 재촉하지 말아야 하느니라.

　사람을 부리다보면 따르지 않기도 하는데

　놓아서 내버려두면 혹 절로 감화(感化)되기도 하니

　부리다 지나쳐서 이로써 완고(頑固)하지는 말아야 하느니라.

154.

節義傲靑雲 文章高白雪
절 의 오 청 운　문 장 고 백 설

若不以德性陶鎔之 終爲血氣之私 技能之末
약 불 이 덕 성 도 용 지　종 위 혈 기 지 사　기 능 지 말

절의(節義)47)가 청운(靑雲)48)을 업신여기고

문장이 백설(白雪)49)보다 높을지라도

만약 덕성(德性)으로 다듬지 않으면

마침내 혈기(血氣)의 사사로움에 빠지게 되고

재주의 말단(末端)이 되고 마느니라.

155.

謝事當謝於正盛之時
사 사 당 사 어 정 성 지 시

居身宜居於獨後之地
거 신 의 거 어 독 후 지 지

일에서 물러나는 것은

마땅히 전성(全盛)했을 때 물러나야 하고

몸의 처신(處身)은

마땅히 홀로 뒷자리에 두어야 하느니라.

---

47) 절의(節義): 절개(節槪)와 의리(義理).

48) 청운(靑雲): 관직에 올라 출세하는 것.

49) 백설(白雪): 뛰어난 문장을 의미하는 고사(故事).

156.

謹德須謹於至微之事
근 덕 수 근 어 지 미 지 사

施恩務施於不報之人
시 은 무 시 어 불 보 지 인

삼가 덕을 쌓는 것은

모름지기 지극히 작은 일에도 삼가야 하고

은혜를 베푸는 것은

갚을 형편이 못되는 사람에게도 베풀어야 하느니라.

157.

交市人 不如友山翁
교 시 인 불 여 우 산 옹

謁朱門 不如親白屋
알 주 문 불 여 친 백 옥

聽街談巷語 不如聞樵歌牧詠
청 가 담 항 어 불 여 문 초 가 목 영

談今人失德過擧 不如述古人嘉言懿行
담 금 인 실 덕 과 거 불 여 술 고 인 가 언 의 행

장사꾼과 사귀는 것은

산에 사는 늙은이와 사귀는 것만 같지 못하고

고관대작을 찾아다니는 것은

초가집과 친해지는 것만 같지 못하느니라.

거리에서 하는 이야기나

골목에서 하는 말을 듣는 것은

나무꾼의 노래나

목동의 노랫소리를 듣는 것만 같지 못하고

지금 남의 덕을 잃은 것이나

허물을 들추고 말하는 것은

옛사람의 훌륭한 말씀이나

아름다운 행실을 이어가는 것만 같지 못하느니라.

158.

德者 事業之基
덕 자 사 업 지 기

未有基不固而棟宇堅久者
미 유 기 불 고 이 동 우 견 구 자

덕(德)은

사업(事業)의 기초(基礎)가 되는 것이니

기초를 굳게 다지지 않고

집이 견고하게 오래간 것은 있지 않느니라.

159.

心者 後裔之根
심 자 후 예 지 근

未有根不植而枝葉榮茂者
미 유 근 불 식 이 지 엽 영 무 자

마음은

자손(子孫)의 뿌리라 하니

뿌리를 심지 않고서는

가지와 잎이 무성해지지 않느니라.

160.

前人云 "抛卻自家無盡藏 沿門持鉢效貧兒"
전 인 운　포 각 자 가 무 진 장　연 문 지 발 효 빈 아

又云 "暴富貧兒休說夢 誰家竈裡火無烟?"
우 운　폭 부 빈 아 휴 설 몽　수 가 조 리 화 무 연

一箴自昧所有 一箴自誇所有 可爲學問切戒
일 잠 자 매 소 유　일 잠 자 과 소 유　가 위 학 문 절 계

옛사람이 이르기를

"자기 집의 다함없는 보물은 버려두고 쪽박 차고 남의 집 문간을
기웃거린다."라 하였고

또 이르기를

"벼락부자가 된 가난뱅이여! 꿈 이야기는 그만 두게나

뉘 집 부엌인들 불 때면 연기나지 않으랴?"고 하였으니

하나는 스스로의 우매(愚昧)함을 경계(警戒)한 것이요.

하나는 자기 소유(所有)를 과시(誇示)하려는 것을 깨우쳐 주는
것이니

학문(學問)하는 자는 간절히 훈계(訓戒)로 삼아야 하느니라.

161.

道是一重公衆物事 當隨人而接引
도 시 일 중 공 중 물 사　당 수 인 이 접 인

學是一個尋常家飯 當隨事而警惕
학 시 일 개 심 상 가 반　당 수 사 이 경 척

도(道)는 이대로 하나의 중요한 공중(公衆)의 물건이니

마땅히 사람마다 따르고 끌어안아야 하고

배움은 이대로 하나의 일상(日常) 밥 먹듯 해야 하는 것이니
마땅히 따르고 경계해야 하느니라.

162.

信人者 人未必盡誠 己則獨誠矣
신 인 자　인 미 필 진 성　기 즉 독 성 의

疑人者 人未必皆詐 己則先詐矣
의 인 자　인 미 필 개 사　기 즉 선 사 의

남을 믿는 자는

남이 모두 성실히 다하는 것은 아니나

자기가 곧 홀로 성실하기 때문이요.

남을 의심하는 자는

남이 반드시 다 속이는 것은 아니나

자기가 곧 먼저 속이기 때문이니라.

163.

念頭寬厚的 如春風煦育 萬物遭之而生
염 두 관 후 적　여 춘 풍 후 육　만 물 조 지 이 생

念頭忌刻的 如朔雪陰凝 萬物遭之而死
염 두 기 각 적　여 삭 설 음 응　만 물 조 지 이 사

생각이 너그러운 사람은

마치 봄바람이 따뜻하게 길러주는 것과 같아서

만물이 이를 만나면 살아나게 하고

생각이 모진 사람은

마치 삭풍(朔風)과 한설(寒雪)이 얼어붙게 하는 것과 같아서

만물이 이를 만나면 죽이게 하느니라.

164.

爲善不見其益 如草裡冬瓜 自應暗長
위 선 불 견 기 익　여 초 리 동 아　자 응 암 장

爲惡不見其損 如庭前春雪 當必潛消
위 악 불 견 기 손　여 정 전 춘 설　당 필 잠 소

착한 일을 해도

그 이익(利益)이 보이지는 않으나

마치 풀 속의 동아(冬瓜)50)와 같아서

스스로 응하여 아무도 모르게 자라나고

악한 짓을 하면

그 손해(損害)가 보이지는 않으나

---

50) 동아(冬瓜): 박과에 속하는 한해살이 덩굴 풀. 여름에 꽃이 피어 가을에 박 모양의
　　타원형 과일이 열린다.

마치 뜰 앞의 봄눈과 같아서

반드시 아무도 모르게 사라지게 되느니라.

165.

遇故舊之交 意氣要愈新
우 고 구 지 교　의 기 요 유 신

處隱微之事 心迹宜愈顯
처 은 미 지 사　심 적 의 유 현

待衰朽之人 恩禮當愈隆
대 쇠 후 지 인　은 례 당 유 융

옛 친구를 만나게 되거든

마음가짐을 더욱 새롭게 해야 하고

은밀(隱密)한 일을 당하게 되면

마음자리를 마땅히 제대로 나타내야 하며

쇠퇴한 사람을 만나게 되거든

은혜와 예우를 마땅히 더욱 융숭히 해야 하느니라.

166.

勤者敏於德義　而世人借勤以濟其貧
근 자 민 어 덕 의　이 세 인 차 근 이 제 기 빈

儉者淡於貨利　而世人假儉以飾其吝
검 자 담 어 화 리　이 세 인 가 검 이 식 기 린

君子持身之符　反爲小人營私之具矣　惜哉!
군 자 지 신 지 부　반 위 소 인 영 사 지 구 의　석 재

　　부지런하다는 것은

　　도덕(道德)과 의리(義利)에 민첩한 것이거늘

　　세상 사람들은 부지런함을 빌려

　　이로써 그들의 가난을 구제하려 하고

　　검소하다는 것은

　　재화(財貨)와 이익에 담담한 것이거늘

　　세상 사람들은 검소함을 빌려

　　이로써 그들의 인색함을 감추려 하느니라.

　　군자의 몸가짐이 되는 방법이

　　도리어 소인들의 사리사욕(私利私慾)을 채우는 도구가 되고 있

으니

　　애석(哀惜)하도다!

167.

憑意興作爲者　隨作則隨止　豈是不退之輪?
빙 의 흥 작 위 자　수 작 즉 수 지　기 시 불 퇴 지 륜

從情識解悟者　有悟則有迷　終非常明之燈
종 정 식 해 오 자　유 오 즉 유 미　종 비 상 명 지 등

즉흥적(卽興的)으로 일을 시작하는 자는

시작하자마자 곧 그치게 될 것이니

어찌 이대로 물러나지 않고 굴러갈 수 있겠는가?

감정과 의식을 쫓아서 깨닫는 자는

깨달았다 해도 곧 미혹(迷惑)⁵¹⁾에 빠져있을 것이니

마침내 항상 밝은 등불은 되지 못하느니라.

168.

人之過誤宜恕 而在己則不可恕
인 지 과 오 의 서　이 재 기 즉 불 가 서

己之困辱當忍 而在人則不可忍
기 지 곤 욕 당 인　이 재 인 즉 불 가 인

남의 허물은

마땅히 용서(容恕)하되

자기의 허물은 곧 용서하지 말아야 하고

자기의 곤욕(困辱)은

마땅히 참아야 하나

남의 곤욕(困辱)에는 곧 참지 말아야 하느니라.

---

51) 미혹(迷惑): 무엇에 홀려 정신을 차리지 못함.

169.

能脫俗便是奇 作意尙奇者 不爲奇而爲異
능 탈 속 편 시 기　작 의 상 기 자　불 위 기 이 위 리

不合汚便是淸 絶俗求淸者 不爲淸而爲激
불 합 오 편 시 청　절 속 구 청 자　불 위 청 이 위 격

능히 속세를 벗어나면

문득 이를 기이(奇異)하다고 하나

고의(故意)로 기이(奇異)한 체 하는 자는

기인이 아니면서 기인(奇人)인 체 하는 것이니라.

더러움에 섞이지 않으면

문득 이를 청렴(淸廉)하다고 하나

속세(俗世)[52]와 끊어서 청렴(淸廉)함을 구하려는 자는

청렴한 것이 아니라 격렬할 뿐이니라.

170.

恩宜自淡而濃 先濃後淡者 人忘其惠
은 의 자 담 이 농　선 농 후 담 자　인 망 기 혜

威宜自嚴而寬 先寬後嚴者 人怨其酷
위 의 자 엄 이 관　선 관 후 엄 자　인 원 기 혹

은혜(恩惠)는 마땅히 엷다가 짙어져야 하니

먼저는 짙고 뒤에 엷은 것은

사람들이 그 은혜를 잊게 되느니라.

위엄은 마땅히 엄했다가 너그러워야 하니

---

52) 속세(俗世): 속인(俗人)의 세상. 곧 일반 사회(社會).

먼저 너그럽고 뒤에 엄한 것은

사람들이 가혹하다고 원망하게 되느니라.

171.

心虛則性現 不息心而求見性 如撥波覓月
심 허 즉 성 현 불 식 심 이 구 견 성 여 발 파 멱 월

意淨則心淸 不了意而求明心 如索鏡增塵
의 정 즉 심 청 불 료 의 이 구 명 심 여 색 경 증 진

마음을 비워야 본성(本性)53)이 나타나는데

마음을 쉬지 않은 채 견성(見性)54)을 하려는 것은

마치 물결을 헤치고 달을 찾는 것과 같으니라.

의식(意識)이 깨끗해지면 곧 마음도 맑아지는 것인데

의식을 깨끗이 하지 못하고 밝은 마음을 구하려는 것은

마치 거울을 찾아 먼지를 뿌리는 것과 같으니라.

---

53) 본성(本性): 사람이 본디부터 가진 성질. 천성(天性).

54) 견성(見性): 자기 본연(本然)의 천성(天性)을 깨달음.

172.

我貴而人奉之 奉此峨冠大帶也

아 귀 이 인 봉 지　봉 차 아 관 대 대 야

我賤而人侮之 侮此布衣草履也

아 천 이 인 모 지　모 차 포 의 초 리 야

然則原非奉我 我胡爲喜?

연 즉 원 비 봉 아　아 호 위 희

原非侮我 我胡爲怒?

원 비 모 아　아 호 위 노

나를 귀(貴)하게 사람들이 받들어 주는 것은

이는 높은 관직(官職)을 받들어 주는 것이요.

나를 천(賤)하게 남이 업신여기는 것은

여기 베옷과 짚신을 업신여기는 것이니라.

그러한즉 원래 나를 받든 것이 아닌데

내가 어찌 기뻐할 것이며?

원래 나를 업신여긴 것도 아닌데

어찌 내가 성낼 수 있겠는가?

173.

"爲鼠常留飯 憐蛾不點燈"
위 서 상 유 반 연 아 부 점 등

古人此等念頭 是吾人一點生生之機
고 인 차 등 염 두 시 오 인 일 점 생 생 지 기

無此 便所謂"土木形骸"而已
무 차 편 소 위 토 목 형 해 이 이

"쥐를 위하여 항상 밥을 남기고

나방을 생각하여 등(燈)불을 켜지 않는다." 하니

옛 사람의 이런 생각은

이대로 우리들이 지녀야하는 한 점의 생생(生生)55)한 기틀이니

만약 이러한 점이 없다면

문득 이른바 "흙이나 나무로 빚은 장승일" 뿐이니라.

---

55) 생생(生生): 만물이 끊임없이 이어지며 생겨남.

174.

心體便是天體
심 체 편 시 천 체

一念之喜 景星慶雲
일 념 지 희　 경 성 경 운

一念之怒 震雷暴雨
일 념 지 노　 진 뢰 폭 우

一念之慈 和風甘露
일 념 지 자　 화 풍 감 로

一念之嚴 烈日秋霜
일 념 지 엄　 열 일 추 상

何者少得?
하 자 소 득

只要隨起隨滅 廓然無碍 便與太虛同體
지 요 수 기 수 멸　 확 연 무 애　 편 여 태 허 동 체

마음의 바탕은

문득 이대로 하늘의 바탕이라 하니

한 생각 기뻐함은

빛나는 별과 경사스러운 구름이요.

한 생각 성냄은

우레와 폭우(暴雨)이니라.

한 생각 인자(仁慈)함은

온화(溫和)한 바람과 단 이슬이요.

한 생각 엄(嚴)함은

뜨거운 햇살과 가을 서리와 같나니

어느 것인들 적어서야 되겠는가?

다만 때에 따라 일어나고

때에 따라 소멸(消滅)하고 있는 것이

확연(廓然)하여 걸림 없으니

방편(方便)으로 허공과 더불어 바탕이 같다 하느니라.

175.

無事時心易昏冥　宜寂寂而照以惺惺
무 사 시 심 이 혼 명　의 적 적 이 조 이 성 성

有事時心易奔逸　宜惺惺而主以寂寂
유 사 시 심 이 분 일　의 성 성 이 주 이 적 적

일이 없을 때는

마음이 어두워지기 쉬우니

마땅히 고요한 가운데

깨어있는 마음으로 비추어야 하고

일이 있을 때는

마음이 느슨해지기 쉬우니

마땅히 깨어있는 가운데

고요한 마음으로 주인을 삼아야 하느니라.

176.

議事者身在事外 宜悉利害之情
의 사 자 신 재 사 외 의 실 이 해 지 정

任事者身居事中 當忘利害之慮
임 사 자 신 거 사 중 당 망 이 해 지 려

사업(事業)을 맡아 의론(議論)하는 자는

몸을 일 밖에 두어

마땅히 이해(利害)의 정황을 모두 살펴야 하고

일을 맡은 자는

몸을 일 속에 두어

마땅히 이해(利害)에 대한 우려(憂慮)는 잊어야 하느니라.

177.

士君子 處權門要路 操履要嚴明 心氣要和易
사 군 자 처 권 문 요 로 조 리 요 엄 명 심 기 요 화 이

毋少隨而近腥羶之黨 亦毋過激而犯蜂蠆之毒
무 소 수 이 근 성 전 지 당 역 무 과 격 이 범 봉 채 지 독

선비가 권세(權勢) 있는 요직(要職)에 있게 되면

몸가짐을 엄정(嚴正)하고 공명(公明)하게 해야 하며

마음은 온화(溫和)하게 해야 하느니라.

조금이라도 따른다 하여

비린내 나는 무리56)는 가까이 말아야 하고

또한 지나치게 과격하게 하다가

---

56) 비린내 나는 무리: 부정(不淨)한 무리.

벌이나 전갈[57]의 독(毒)이 범하지 못하게 해야 하느니라.

178.

標節義者 必以節義受謗
표 절 의 자　필 이 절 의 수 방

榜道學者 常因道學招尤
방 도 학 자　상 인 도 학 초 우

故君子 不近惡事 亦不立善名
고 군 자　불 근 악 사　역 불 립 선 명

只渾然和氣 纔是居身之珍
지 혼 연 화 기　재 시 거 신 지 진

절개(節槪)와 의리를 내세우는 자는

반드시 절개와 의리 때문에 비방(誹謗)을 받게 되고

도덕(道德)과 학문(學問)을 내세우는 자는

항상 도덕과 학문으로 인하여 원망을 불러들이게 되느니라.

그러므로 군자는 나쁜 일은 가까이 하지 않아야 하고

또한 선한 이름도 세우려고 하지 않아야 하니

다만 몸에 밴 온화(溫和)한 기운이야말로

오직 이대로 몸을 보전하는 보배라 하느니라.

---

57) 벌이나 전갈: 원한(怨恨)을 사는 일.

179.

遇欺詐的人 以誠心感動之
우 기 사 적 인　이 성 심 감 동 지

遇暴戾的人 以和氣薰蒸之
우 폭 려 적 인　이 화 기 훈 증 지

遇傾邪私曲的人 以名義氣節激勵之
우 경 사 사 곡 적 인　이 명 의 기 절 격 려 지

天下無不入我陶冶中矣
천 하 무 불 입 아 도 야 중 의

　　속이려는 사람을 만나게 되거든

　　성심(誠心)으로 감동시켜야 하고

　　난폭한 사람을 만나게 되거든

　　온화(溫和)한 기운으로써 감싸주어야 하느니라.

　　삐뚤어진 사람을 만나게 되더라도

　　명분(名分)과 의리(義理), 기개(氣槪)와 절도(節度)로써

　　격려하게 되면

　　천하에 나의 도야(陶冶)58) 속에 들어오지 않는 이가 없느니라.

---

58) 도야(陶冶): 훌륭한 인격(人格)을 갖추려고 몸과 마음을 닦고 기름.

180.

一念慈祥 可以醞釀兩間和氣
일 념 자 상　가 이 온 양 양 간 화 기

寸心潔白 可以昭垂百代淸芬
촌 심 결 백　가 이 소 수 백 대 청 분

　　한 생각이 자비롭고 상서로우면

　　이로써 천지간에 온화한 기운을 빚어내게 되고

　　한 마디 마음이 결백하면

　　이로써 백대(百代)에 맑은 향기를 드리우게 되느니라.

181.

陰謀怪習 異行奇能 俱是涉世的禍胎
음 모 괴 습　이 행 기 능　구 시 섭 세 적 화 태

只一個庸德庸行 便可以完混沌而召平和
지 일 개 용 덕 용 행　편 가 이 완 혼 돈 이 소 평 화

　　음흉한 꾀와 괴상한 습관,

　　이상한 행동과 기이한 능력은

　　모두 이것이 세상을 살아가는 데 재앙의 씨앗이 되고

　　다만 하나의 떳떳한 덕(德)과 행실만이

　　문득 이로써 혼돈을 잠재우고 평화(平和)를 부르는 것이니라.

182.

語云 "登山耐側路 踏雪耐危橋"
어운 등산내측로 답설내위교

一耐字極有意味
일내자극유의미

如傾險之人情 坎坷之世道
여경험지인정 감가지세도

若不得一耐字撑持過去 幾何不墮入榛莽坑塹哉?
약부득일내자탱지과거 기하불타입진망갱참재

어(語)에 이르기를

"산을 오르려면 비탈길을 참아야 하고

눈길을 밟고 가려면 위험한 다리를 건더야 한다."고 하였으니

이 "견딜 내(耐)" 한 글자에 지극한 의미가 있느니라.

만약 기우러진 험한 인정(人情)과

고르지 못한 세상길에

견딜 내(耐), 한 글자를 부여잡지 않고서

몇이나 가시덤불과 흙구덩이에 떨어지지 않을 수 있겠는가?

183.

誇逞功業 炫耀文章 皆是靠外物做人
과 령 공 업 현 요 문 장 개 시 고 외 물 주 인

不知心體瑩然 本來不失
부 지 심 체 형 연 본 래 불 실

卽無寸功隻字 亦自有堂堂正正做人處
즉 무 촌 공 척 자 역 자 유 당 당 정 정 주 인 처

공(功)과 사업(事業)을 거들먹거리고

문장(文章)을 뽐내는 것은

모두 이는 밖의 사물에 의하여 사람에게 주어진 것이요.

마음의 바탕은 빛이라서

본래의 면목을 잃지 않으면

비록 한 치의 공(功)이나 한 글자의 문장(文章)이 없다 해도

또한 스스로 정정당당(正正堂堂)함을 갖추고 있는 것인데

사람에게 주어져 있는 것임을 알지 못하고 있느니라.

184.

忙裡要偸閒　須先向閒時討個杷柄
망 리 요 투 한　수 선 향 한 시 토 개 파 병

鬧中要取靜　須先從靜處立個主宰
요 중 요 취 정　수 선 종 정 처 입 개 주 재

不然　未有不因境而遷　隨事而靡者
불 연　미 유 불 인 경 이 천　수 사 이 미 자

바쁜 속에서

한가함을 얻으려면

모름지기 먼저 한가할 때

마음의 갈피를 잡아야 하고

시끄러운 가운데

고요함을 취하려면

모름지기 먼저 고요한 곳에서

그럴만한 주관을 세워두어야 하느니라.

만약 그렇지 못하면

경우에 따라 옮겨야 하고

일 따라 흔들리지 않을 수 없느니라.

185.

不昧己心　不盡人情　不竭物力
불 매 기 심　부 진 인 정　불 갈 물 력

三者可以爲天地立心　爲生民立命　爲子孫造福
삼 자 가 이 위 천 지 입 심　위 생 민 입 명　위 자 손 조 복

자기 마음에 어둡지 않아야 하고

인정에 끌려 다니지 말아야 하며

재물에 힘을 쏟지 말아야 하느니라.

이 셋은

이로써 하늘과 땅을 위하여 마음을 세우는 것이고

백성의 삶을 위하여 명(命)을 세우는 것이며

자손(子孫)을 위하여 복(福)을 짓는 것이니라.

186.

居官有二語曰 惟公則生明 惟廉則生威
거 관 유 이 어 왈　유 공 즉 생 명　유 렴 즉 생 위

居家有二語曰 惟恕則情平 惟儉則用足
거 가 유 이 어 왈　유 서 즉 정 평　유 검 즉 용 족

관직에 있으면

두 마디 간직해야 할 말이 있으니

말하기를

"공평(公平)한즉 나라의 기강(紀綱)이 밝아지고

오직 청렴(淸廉)한즉 위엄(威嚴)이 생긴다." 하였고

가정(家庭)에 머무를 때

두 가지 새겨 두어야 할 말이 있으니

말하기를

"오직 용서(容恕)한즉 정(情)이 고루 퍼지고

오직 검소(儉素)한즉 수용(需用)이 넉넉해진다."고 하였느니라.

187.

處富貴之地 要知貧賤的痛癢
처 부 귀 지 지　요 지 빈 천 적 통 양

當少壯之時 須念衰老的辛酸
당 소 장 지 시　수 념 쇠 로 적 신 산

부귀한 처지에 있을 때는

가난하고 천한 이들의 고통을 알아야 하고

젊었을 때는

모쪼록 쇠(衰)하고 늙었을 때의 괴로움을 생각해야 하느니라.

188.

持身不可太皎潔 一切汚辱垢穢要茹納得
지 신 불 가 태 교 결　일 체 오 욕 구 예 요 여 납 득

與人不可太分明 一切善惡賢愚要包容得
여 인 불 가 태 분 명　일 체 선 악 현 우 요 포 용 득

몸가짐은

지나치게 결백(潔白)하지 않아야 하니

일체의 더러운 때까지도

받아들일 수 있어야 하느니라.

사람들과 어울릴 때는

지나치게 분명(分明)하지 말아야 하니

일체의 선악(善惡)과 현우(賢愚)까지도

포용(包容)할 수 있어야 하느니라.

189.

休與小人仇讐 小人自有對頭
휴 여 소 인 구 수　소 인 자 유 대 두

休向君子諂媚 君子原無私惠
휴 향 군 자 첨 미　군 자 원 무 사 혜

　소인(小人)과는 원수가 되지 말아야 하니

　소인은 자기의 방법대로 대처하기 때문이니라.

　군자(君子)59)에게는 아첨하지 말아야 하니

　군자는 원래 사사로운 은혜가 없느니라.

190.

縱欲之病可醫 而執理之病難醫
종 욕 지 병 가 의　이 집 리 지 병 난 의

事物之障可除 而義理之障難除
사 물 지 장 가 제　이 의 리 지 장 난 제

　욕심(慾心)내는 병(病)은 고칠 수 있으나

　이론(理論)을 고집(固執)하는 병은 고치기 어렵다 하고

　사물(事物)의 장애(障礙)는 없앨 수 있으나

　의리(義理)의 장애는 제거(除去)하기 어렵다 하느니라.

---

59) 군자(君子): 학식(學識)과 덕행(德行)이 높은 사람.

191.

磨礪當如百鍊之金 急就者非邃養
마 려 당 여 백 련 지 금　급 취 자 비 수 양

施爲宜似千鈞之弩 輕發者無宏功
시 위 의 사 천 균 지 노　경 발 자 무 굉 공

"마음을" 연마(鍊磨)하기를

마땅히 백 번 단련(鍛鍊)하는 무쇠를 연마(鍊磨)하듯 해야 하니

급히 성취하려는 자는 수양이 되지 않느니라.

일을 실시(實施)하는 것은

마땅히 천균(千鈞)60)의 활을 다루듯이 해야 하니

가볍게 발사(發射)하는 자는 큰 공이 없느니라.

192.

寧爲小人所忌毁 毋爲小人所媚悅
영 위 소 인 소 기 훼　무 위 소 인 소 미 열

寧爲君子所責備 毋爲君子所包容
영 위 군 자 소 책 비　무 위 군 자 소 포 용

차라리 소인의 꺼려하고 헐뜯는 바가 될지언정

소인의 아첨이나 기뻐하는 바가 되지 말아야 하고

차라리 군자의 책망(責望)하는 바가 될지언정

군자가 감싸주고 용서하는 바가 되지 말아야 하느니라.

---

60) 천균(千鈞): 삼만(三萬) 근(斤). 곧 물건이 무겁거나 힘이 셈을 나타냄.

193.

好利者 逸出於道義之外 其害顯而淺
호 리 자　일 출 어 도 의 지 외　기 해 현 이 천

好名者 竄入於道義之中 其害隱而深
호 명 자　찬 입 어 도 의 지 중　기 해 은 이 심

이익(利益)을 좋아하는 자는

도덕(道德)과 의리(義理) 밖에 벗어난 것이라서

그 피해(被害)가 나타나도 얕으나

명예(名譽)를 좋아하는 자는

도덕(道德)과 의리(義理) 속에 들어있는 것이라서

그 피해가 숨어있는 것이기에 깊기 마련이니라.

194.

受人之恩 雖深不報 怨則淺亦報之
수인지은　수심불보　원즉천역보지

聞人之惡 雖隱不疑 善則顯亦疑之
문인지악　수은불의　선즉현역의지

此刻之極 薄之尤也 宜切戒之!
차각지극　박지우야　의절계지

　　남에게 받은 은혜(恩惠)는

　　비록 깊어도 갚으려고 하지 않으나

　　원한(怨恨)은 얕을지라도 또한 갚으려 하고

　　남의 악행(惡行)을 들으면

　　비록 숨어있어도 의심하지 않으나

　　선행(善行)은 곧 나타나있어도 또한 의심하느니라.

　　이는 각박함의 극치(極致)이며

　　야박함이 지나친 것이니

　　마땅히 간절하게 경계해야 하느니라.

195.

讒夫毁士 如寸雲蔽日 不久自明
참부훼사　여촌운폐일　불구자명

媚子阿人 似隙風侵肌 不覺其損
미자아인　사극풍침기　불각기손

　　참소하고 헐뜯는 자는

　　마치 조각구름이 해를 가린 것과 같아서

　　오래지 않아 절로 밝아지지만

아양 떨고 아첨하는 사람은

마치 문틈으로 들어오는 바람이 살갗에 스며드는 것 같아서

그 손해를 깨닫지 못하느니라.

196.

山之高峻處無木 而溪谷廻環則草木叢生
산 지 고 준 처 무 목　이 계 곡 회 환 즉 초 목 총 생

水之湍急處無魚 而淵潭停蓄則魚鼈聚集
수 지 단 급 처 무 어　이 연 담 정 축 즉 어 별 취 집

此高絶之行 褊急之衷 君子重有戒焉
차 고 절 지 행　편 급 지 충　군 자 중 유 계 언

산이 높고 험한 곳에는 나무가 자랄 수 없으나

골짜기가 굽이치고 맴도는 곳엔

곧 풀과 나무가 빽빽하게 자라고

물살이 세고 급한 곳에는 고기가 살 수 없으나

못을 이루고 머무는 곳에는

곧 고기와 자라가 모여드니

이 고절(高絶)한 행위와

좁고 급한 절충이야말로

군자(君子)가 거듭 경계해야 하느니라.

197.

建功立業者 多虛圓之士
건 공 입 업 자 다 허 원 지 사

僨事失機者 必執拗之人
분 사 실 기 자 필 집 요 지 인

공을 세우고 사업을 이룬 자는

대개 허심탄회(虛心坦懷)⁶¹⁾하고 원만한 사람이며

일을 그르쳐서 기회(機會)를 잃은 자는

반드시 집착하고 매달리는 사람이니라.

198.

處世不宜與俗同 亦不宜與俗異
처 세 불 의 여 속 동 역 불 의 여 속 이

作事不宜令人厭 亦不宜令人喜
작 사 불 의 영 인 염 역 불 의 영 인 희

세상을 살아가더라도

속인(俗人)들과 같은 것은 마땅치 않으나

또한 속인들과 다른 것도 마땅치 않느니라.

일을 하더라도

남들로 하여금 싫어하게 하는 것은 마땅하지 않으나

또한 사람들로 하여금 기쁘게 하는 것도 마땅치 않느니라.

---

61) 허심탄회(虛心坦懷): 마음에 아무 거리낌이 없고 솔직함.

199.

日既暮而猶烟霞絢爛 歲將晚而更橙橘芳馨
일 기 모 이 유 연 하 현 란　세 장 만 이 갱 등 귤 방 형

故末路晚年 君子更宜精神百倍
고 말 로 만 년　군 자 갱 의 정 신 백 배

날이 이미 저물었을 때 오히려 노을은 아름답게 빛나고

한 해가 장차 저물면 다시 귤이 향기로워지느니라.

그러므로 "인생(人生)" 말로(末路), 말년(末年)에

군자는 다시 정신을 백 배 가다듬어야 마땅하니라.

200.

鷹立如睡 虎行似病 正是他攫人噬人手段處
응 립 여 수　호 행 사 병　정 시 타 확 인 서 인 수 단 처

故君子 要聰明不露 才華不逞
고 군 자　요 총 명 불 로　재 화 불 령

纔有肩鴻任鉅的力量
재 유 견 홍 임 거 적 역 량

매는 마치 조는 듯이 서 있고

호랑이는 흡사 병든 듯이 걸으나

정녕 이것으로 사람을 움켜쥐고 깨무는 수단이 있느니라.

그러므로 군자는 총명을 드러내지 말고

재능도 나타내지 말아야

비로소 큰 임무를 맡겨도 짊어질만한 역량이 있다 하느니라.

201.

儉　美德也
검　미덕야

過則爲慳吝　爲鄙嗇　反傷雅道
과 즉 위 간 린　위 비 색　반 상 아 도

讓　懿行也
양　의행야

過則爲足恭　爲曲謹　多出機心
과 즉 위 족 공　위 곡 근　다 출 기 심

검소함은

아름다운 덕이나

지나치면 인색하고

비루하게 되어

도리어 고상한 도(道)를 손상하게 되고

양보(讓步)는

아름다운 행동이나

지나친즉 아첨(阿諂)이 되고

비굴(卑屈)함이 되어

기회(機會)를 엿보게 하는 마음을 내게 하느니라.

202.

母憂拂意 母喜快心
무 우 불 의 　무 희 쾌 심

母恃久安 母憚初難
무 시 구 안 　무 탄 초 난

뜻에 거슬린다 하여 근심하지 말고

마음에 내킨다 하여 기뻐하지도 말며

오래 편안했다 하여 믿지 말고

처음에 어렵다 하여 꺼리지 말아야 하느니라.

203.

飲宴之樂多 不是個好人家
음 연 지 락 다 　불 시 개 호 인 가

聲華之習勝 不是個好士子
성 화 지 습 승 　불 시 개 호 사 자

名位之念重 不是個好臣士
명 위 지 염 중 　불 시 개 호 신 사

잔치에 음악(音樂)이 많은 것은

일반 가정(家庭)에서 좋아하지 말아야 하고

명성(名聲)을 얻으려는 것을

선비가 좋아해서는 안 되며

명예(名譽)와 자리만을 소중히 생각하는 것은

신하(臣下)가 좋아해서는 아니 되느니라.

204.

世人以心肯處爲樂　卻被樂心引在苦處
세 인 이 심 긍 처 위 락　각 피 낙 심 인 재 고 처

達士以心拂處爲樂　終爲苦心換得樂來
달 사 이 심 불 처 위 락　종 위 고 심 환 득 낙 래

세상 사람들은

마음에 맞는 곳을 즐거움으로 삼기 때문에

도리어 즐거움에 취하여

마음은 괴로운 곳으로 이끌리게 되고

통달한 선비는

마음에 거슬리는 곳도 즐거움으로 여기기에

마침내 괴로웠던 마음이 바뀌어 즐거움을 얻게 되느니라.

205.

居盈滿者　如水之將溢未溢　切忌再加一滴
거 영 만 자　여 수 지 장 일 미 일　절 기 재 가 일 적

處危急者　如木之將折未折　切忌再加一搦
처 위 급 자　여 목 지 장 절 미 절　절 기 재 가 일 익

가득 채우려는 자는

마치 물이 장차 넘칠 듯 말 듯 한 곳에 있는 것과 같아서

한 방울의 물이 더해지는 것도 간절히 꺼리게 되고

위급한 자리에 있는 사람은

마치 나무가 장차 꺾일 듯 말 듯 한 곳에 있는 것과 같아서

작은 누름이 더해지는 것도 간절히 꺼리게 되느니라.

居盈滿者 如水之將溢未溢 切忌再加一滴。處危急者 如木之將折未折 切忌再加一搦。

菜根譚、前集、二○五、

가득 채우려는 자는 마치 물이 장차 넘칠 듯 말 듯한 곳에 있는 것과 같아서 한 방울의 물이 더해지는 것도 간절히 꺼리게 되고 위급한 자리에 있는 사람은 마치 나무가 장차 꺾일 듯 말 듯한 곳에 있는 것과 같아서 작은 누름이 더해지는 것도 간절히 꺼리게 되느니라.

206.

冷眼觀人 冷耳聽語
냉 안 관 인　냉 이 청 어

冷情當感 冷心思理
냉 정 당 감　냉 심 사 리

　　냉정한 눈으로 사람을 보고

　　냉정한 귀로 말을 들어야 하며

　　냉정한 감정으로 일을 감당해야 하고

　　냉정한 마음으로 도리(道理)를 생각해야 하느니라.

207.

仁人心地寬舒 便福厚而慶長 事事成個寬舒氣象
인 인 심 지 관 서　편 복 후 이 경 장　사 사 성 개 관 서 기 상

鄙夫念頭迫促 便祿薄而澤短 事事得個迫促規模
비 부 염 두 박 촉　편 녹 박 이 택 단　사 사 득 개 박 촉 규 모

　　어진 사람은

　　마음을 너그럽게 쓰기에

　　문득 복(福)이 두텁고 경사(慶事)가 오래가며

　　하는 일마다 알맞아서 너그러운 기상을 펴게 되고

　　비루(鄙陋)한 사람은

　　생각이 좁고 급하기에

　　문득 녹(祿)이 박(薄)하고 혜택(惠澤)도 짧으며

　　하는 일마다 그렇게 촉박한 상황을 얻게 되느니라.

208.

聞惡不可就惡 恐爲讒夫洩怒
문 악 불 가 취 악　공 위 참 부 설 로

聞善不可急親 恐引奸人進身
문 선 불 가 급 친　공 인 간 인 진 신

악(惡)하다는 소문이 났더라도

악하게 대하지 말아야 하니

참소(讒訴)[62]로 번져 분풀이가 될까 두렵고

착하다는 소문이 있더라도

서둘러 친해지려고 하지 말아야 하니

간사한 사람의 출세(出世)를 이끌어 주게 될까 두려우니라.

209.

性燥心粗者 一事無成
성 조 심 조 자　일 사 무 성

心和氣平者 百福自集
심 화 기 평 자　백 복 자 집

성정(性情)이 조급하고 마음이 거친 사람은

한 가지 일도 이룰 수 없고

마음이 온화하고 기(氣)가 고른 자는

백 가지 복이 절로 모이느니라.

---

62) 참소(讒訴): 남을 헐뜯어 없는 죄를 있는 것처럼 꾸며서 고해바침.

210.

用人不宜刻 刻則思效者去
용 인 불 의 각　각 즉 사 효 자 거

交友不宜濫 濫則貢諛者來
교 우 불 의 람　남 즉 공 유 자 래

사람을 부림에는

마땅히 각박하게 하지 말아야 하니

각박하게 한즉 본받을만한 자는 떠나게 되느니라.

벗을 사귐에는

마땅히 마구 사귀지 말아야 하니

마구 사귄즉 아첨하는 자가 오기 마련이니라.

211.

風斜雨急處要立得脚定 花濃柳艷處要着得眼高
풍 사 우 급 처 요 입 득 각 정　화 농 유 염 처 요 착 득 안 고

路危徑險處要回得頭早
노 위 경 험 처 요 회 득 두 조

바람이 거세고 빗발이 급한 곳에서는

다리를 똑바로 세워야 하고

꽃이 무르녹고 버들이 고은 곳에서는

"흔들리지 말고" 눈을 높이 들어야 하며

길이 위태롭고 험한 곳에서는

"단념하고" 머리를 일찍 돌려야 하느니라.

212.

節義之人濟以和衷 纔不啓忿爭之路
절 의 지 인 제 이 화 충　재 불 계 분 쟁 지 로

功名之士承以謙德 方不開嫉妬之門
공 명 지 사 승 이 겸 덕　방 불 개 질 투 지 문

절개와 의리가 있는 사람은

온화하게 절충하여 이로써 제도해야

비로소 분쟁의 길을 열지 않게 되고

공명(功名)을 이룬 사람은

이로써 겸손하게 덕(德)으로 이어가야

바야흐로 질투의 문을 열지 않게 되느니라.

213.

士大夫居官不可竿牘無節 要使人難見 以杜倖端
사 대 부 거 관 불 가 간 독 무 절　요 사 인 난 견　이 두 행 단

居鄕不可崖岸太高 要使人易見 以敦舊好
거 향 불 가 애 안 태 고　요 사 인 이 견　이 돈 구 호

사대부(士大夫)가 관직(官職)에 있을 때

편지 한 장이라도 절제가 없으면 아니 되니

사람들로 하여금 "속내를" 보기 어렵게 하여

이로써 요행의 단서를 막아야 하고

시골에 살 때는

담장이나 언덕을 지나치게 높게 해서는 아니 되니

사람들로 하여금 보기 쉽게 하여

이로써 친구들과 우호를 돈독히 해야 하느니라.

214.

大人不可不畏　畏大人則無放逸之心
대 인 불 가 불 외　외 대 인 즉 무 방 일 지 심

小人亦不可不畏　畏小人則無豪橫之名
소 인 역 불 가 불 외　외 소 인 즉 무 호 횡 지 명

대인은 두려워하지 않으면 아니 되니

대인을 두려워한즉 방일(放逸)63)한 마음이 없어지게 되고

소인도 또한 두려워하지 않으면 아니 되니

소인을 두려워한즉 전횡(專橫)64)한다는 오명(汚名)이 없느니라.

215.

事稍拂逆　便思不如我的人　則怨尤自消
사 초 불 역　편 사 불 여 아 적 인　즉 원 우 자 소

心稍怠荒　便思勝似我的人　則精神自奮
심 초 태 황　편 사 승 사 아 적 인　즉 정 신 자 분

일이 조금이라도 거스를 때

문득 나보다 못한 사람을 생각하면

곧 원망이 절로 사라지게 되고

마음이 조금이라도 게으를 때

나보다 나은 사람을 생각하면

곧 정신이 절로 분발하게 되느니라.

---

63) 방일(放逸): 멋대로 거리낌이 없이 행동하는 것.

64) 전횡(專橫): 권세(權勢)를 혼자 쥐고 제 마음대로 함.

216.

不可乘喜而輕諾 不可因醉而生嗔
불 가 승 희 이 경 락　　불 가 인 취 이 생 진

不可乘快而多事 不可因倦而鮮終
불 가 승 쾌 이 다 사　　불 가 인 권 이 선 종

기쁨에 겨워 가벼이 승낙하지 않아야 하고

취했다는 핑계로 성내는 것은 옳지 않으며

통쾌함에 들떠 일을 벌이지 말아야 하고

게으름 때문에 마무리를 적당히 해서는 아니 되느니라.

217.

善讀書者 要讀到手舞足蹈處 方不落筌蹄
선 독 서 자　　요 독 도 수 무 족 도 처　　방 불 락 전 제

善觀物者 要觀到心融神洽時 方不泥迹象
선 관 물 자　　요 관 도 심 융 신 흡 시　　방 불 니 적 상

글을 잘 읽는 사람은

읽으며 손발이 춤추고 뛰는 경지에 이르러야 하니

바야흐로 관행에 떨어지지 않는 것이요.

사물을 잘 관찰하는 자는

관찰하여 마음과 정신이 사물과 융합할 때까지 이르러야 하니

바야흐로 대상에 구애되지 않는 것이니라.

218.

天賢一人以誨衆人之愚
천 현 일 인 이 회 중 인 지 우

而世反逞所長以形人之短
이 세 반 령 소 장 이 형 인 지 단

天富一人以濟衆人之困
천 부 일 인 이 제 중 인 지 곤

而世反挾所有以凌人之貧
이 세 반 협 소 유 이 능 인 지 빈

眞天之戮民哉!
진 천 지 육 민 재

하늘은 어진 한 사람으로

이로써 여러 사람의 어리석음을 깨우쳐 주려 했거늘

세상은 도리어 자기의 장점을 가지고

이로써 남의 단점을 드러내려 하느니라.

하늘은 부자(富者) 한 사람으로

이로써 여러 사람의 곤궁(困窮)함을 구제(救濟)하려 했거늘

세상은 도리어 자기 소유(所有)를 가지고

이로써 남의 가난을 능멸하고 있으니

참으로 하늘의 벌을 받아야 마땅할 백성이로다!

219.

至人何思何慮 愚人不識不知
지 인 하 사 하 려 우 인 불 식 부 지

可與論學 亦可與建功
가 여 논 학 역 가 여 건 공

唯中才的人 多一番思慮知識
유 중 재 적 인 다 일 번 사 려 지 식

便多一番臆度猜疑 事事難與下手
편 다 일 번 억 도 시 의 사 사 난 여 하 수

지극한 사람은

무엇을 생각하고 무엇을 염려할 것이 있겠는가?

어리석은 사람은

아무것도 모르기에

더불어 학문을 논(論)하고

또한 더불어 공을 세울 만한데

오직 재주가 어중간한 사람은

매번 생각과 아는 것이 많고

문득 번번이 억측과 시기와 의심을 많이 하다 보니

일마다 더불어 손을 쓰기가 어려우니라.

220.

口乃心之門 守口不密 洩盡眞機
구 내 심 지 문　수 구 불 밀　설 진 진 기

意乃心之足 防意不嚴 走盡邪蹊
의 내 심 지 족　방 의 불 엄　주 진 사 혜

입은 이대로 마음의 문이니

입지키기를 엄밀(嚴密)히 하지 않으면

참된 기밀(機密)이 새게 되고

뜻은 이대로 마음의 발이니

뜻 지키기를 엄하게 하지 않으면

모두 삿된 길로 달아나게 되느니라.

221.

責人者 原無過於有過之中 則情平
책 인 자　원 무 과 어 유 과 지 중　즉 정 평

責己者 求有過於無過之內 則德進
책 기 자　구 유 과 어 무 과 지 내　즉 덕 진

남을 꾸짖어야 하는 자는

원래 허물이 있어도

허물이 없는가를 찾아야 하니

감정이 평온해 지기 마련이고

자기를 꾸짖는 자는

허물이 없는 속에서 허물이 있는가를 살펴야 하니

곧 덕(德)으로 나아가는 것이니라.

222.

子弟者 大人之胚胎
자 제 자　대 인 지 배 태

秀才者 士夫之胚胎
수 재 자　사 부 지 배 태

此時若火力不到 陶鑄不純
차 시 약 화 력 부 도　도 주 불 순

他日涉世立朝 終難成個令器
타 일 섭 세 입 조　종 난 성 개 영 기

어린이는

어른의 씨앗이라 하고

빼어난 재주가 있는 자는

사대부(士大夫)의 싹이라고 하니

이때에

만약 불의 힘이 이르지 못하여

단련을 순수하게 하지 않으면

다른 날

세상을 살아가고 조정(朝廷)에 근무하게 되더라도

마침내 하여금 제몫의 그릇을 이루기 어려우니라.

223.

君子處患難而不憂　當宴遊而惕慮
군 자 처 환 난 이 불 우　당 연 유 이 척 려

遇權豪而不懼　對惸獨而驚心
우 권 호 이 불 구　대 경 독 이 경 심

　　군자는 환란(患亂)에 처해서는

　　근심하지 않아도 되나

　　주연(酒筵)을 베풀고 놀 때에는

　　두려워하고 걱정해야 하며

　　권세(權勢) 있는 사람을 만나서는

　　두려워하지 않아도 되나

　　고독(孤獨)한 사람을 대하게 되면

　　놀란 마음이 되어야 하느니라.

224.

桃李雖艶　何如松蒼栢翠之堅貞?
도 리 수 렴　하 여 송 창 백 취 지 견 정

梨杏雖甘　何如橙黃橘綠之馨冽?
이 행 수 감　하 여 등 황 귤 록 지 형 렬

信乎! 濃夭不及淡久　早秀不如晚成也
신 호　농 요 불 급 담 구　조 수 불 여 만 성 야

　　복숭아와 오얏 꽃이 비록 곱다고 하나

　　어찌 소나무와 잣나무의 푸르고 굳센 절개만 하겠는가?

　　배와 살구 맛이 비록 달다고 하나

　　어찌 노란 유자와 푸른 귤의 향기만 하겠는가?

믿을만하도다!

무르익어 요염한 것은

담백하고 오래가는 것에 미치지 못하고

일찍 빼어난 것은 대기만성(大器晚成)65)만 같지 못하느니라.

225.

風恬浪靜中　見人生之眞境
풍 념 낭 정 중　견 인 생 지 진 경

味淡聲希處　識心體之本然
미 담 성 희 처　식 심 체 지 본 연

바람 자고 물결 고요한 가운데

인생의 참된 경지(境地)를 보게 되고

맛이 담백하고 "풍류(風流)" 소리가 드문 곳에서

마음의 본래 모습을 알게 되느니라.

---

65) 대기만성(大器晚成): 크게 될 사람은 늦게 이루어진다는 말.

후집 (001~135)

後集

001.

談山林之樂者 未必眞得山林之趣
담 산 림 지 락 자　미 필 진 득 산 림 지 취

厭名利之談者 未必盡忘名利之情
염 명 리 지 담 자　미 필 진 망 명 리 지 정

산림(山林)의 즐거움을 말하는 자는

산림의 맛을 제대로 얻지 못한 것이요.

명리(名利)에 대한 이야기를 싫어하는 자는

명리에 대한 감정을 다 떨쳐내지 못한 것이니라.

002.

釣水 逸事也 尚持生殺之柄
조 수　 일 사 야　 상 지 생 살 지 병

奕棋 清戲也 且動戰爭之心
혁 기　 청 희 야　 차 동 전 쟁 지 심

可見喜事不如省事之爲適 多能不若無能之全眞
가 견 희 사 불 여 성 사 지 위 적　 다 능 불 약 무 능 지 전 진

낚시는

고상한 일이나

오히려 살리고 죽이는 자루를 잡은 것이요.

바둑은

맑은 취미라 하나

또한 싸우고 다투는 마음을 움직이게 하느니라.

가히 보건대

기쁜 일이란

일을 살펴서 마땅할 때 하는 것만 같지 못하고

재능이 많은 것은

무능하더라도 참된 마음을 온전히 하는 것만 같지 못하느니라.

003.

鶯花茂而山濃谷艶 總是乾坤之幻境
앵 화 무 이 산 농 곡 염　총 시 건 곤 지 환 경

水木落而石瘦崖枯 纔見天地之眞吾
수 목 락 이 석 수 애 고　재 견 천 지 지 진 오

　　꾀꼬리 울고 꽃이 무성하여

　　산과 골짜기가 무르녹아 아름다운 것은

　　모두 이는 하늘과 땅의 꼭두각시 같은 경계며

　　물이 마르고 나뭇잎이 떨어져서

　　바위가 앙상하고 언덕이 메마른 것이

　　비로소 하늘과 땅의 참모습을 보는 것이니라.

004.

歲月本長 而忙者自促
세 월 본 장　이 망 자 자 촉

天地本寬 而鄙者自隘
천 지 본 관　이 비 자 자 애

風花雪月本閒 而勞攘者自冗
풍 화 설 월 본 한　이 노 양 자 자 용

　　세월은 본래 장구한 것인데

　　허둥대는 자가 스스로 재촉하는 것이요.

　　천지는 본래 너그러우나

　　비루(鄙陋)[1]한 자가 스스로 험난하다고 하며

---

1) 비루(鄙陋): 인색하고 못남.

바람과 꽃, 눈과 달은 본래 한가한 것이나

서두르는 자들이 스스로 분주할 뿐이니라.

005.

得趣不在多 盆池拳石間烟霞具足
<small>득 취 부 재 다　분 지 권 석 간 연 하 구 족</small>

會景不在遠 蓬窓竹屋下風月自賒
<small>회 경 부 재 원　봉 창 죽 옥 하 풍 월 자 사</small>

아취(雅趣)2)를 얻는 데는 많은 것에 있지 않으니

동이만한 연못이나

주먹만한 돌 사이에도

산수의 경치가 모두 갖추어져 있느니라.

훌륭한 경치는 먼 곳에 있는 것이 아니라

쑥대 우거진 창과

대나무집 아래라도

바람과 달을 스스로 감상하는 데 있느니라.

---

2) 아취(雅趣): 고상한 정취.

006.

聽靜夜之鐘聲 喚醒夢中之夢
청 정 야 지 종 성　환 성 몽 중 지 몽

觀澄潭之月影 窺見身外之身
관 징 담 지 월 영　규 견 신 외 지 신

고요한 밤에 종소리를 듣노라면

꿈속의 꿈을 깨우고

맑은 연못에서 달그림자를 보노라면

몸 밖의 몸을 엿보게 되느니라.

007.

鳥語蟲聲 總是傳心之訣
조 어 충 성　총 시 전 심 지 결

花英草色 無非見道之文
화 영 초 색　무 비 현 도 지 문

學者要天機淸徹 胸次玲瓏 觸物皆有會心處
학 자 요 천 기 청 철　흉 차 영 롱　촉 물 개 유 회 심 처

새가 지저귀고 벌레 우는 소리는

모두 이대로 마음을 전하는 비결(秘決)이요.

꽃의 아리따움과 풀잎의 싱그러움은

도(道)를 나타내는 문양(文樣)이 아닌 것이 없으니

배우는 자가

하늘의 작용에 투철하고 가슴을 영롱히 하면

부딪히는 사물(事物)마다

모두 마음을 깨닫게 하는 곳이 있느니라.

菜根譚、後集、六

聽靜夜之鐘聲喚醒夢中之夢、觀澄潭之月影窺見身外之身。

、

고요한 밤에 종소리를 듣노라면 꿈속의 꿈을 깨우고

맑은 연못에서 달그림자를 보노라면

몸 밖의 몸을 보느니라.

008.

人解讀有字書 不解讀無字書
인 해 독 유 자 서　불 해 독 무 자 서

知彈有弦琴 不知彈無弦琴
지 탄 유 현 금　부 지 탄 무 현 금

以跡用不以神用 何以得琴書之趣?
이 적 용 불 이 신 용　하 이 득 금 서 지 취

사람들이 글자 있는 책은 읽을 줄 아는데

글자 없는 책은 읽을 줄 모르고

줄 있는 거문고는 탈 줄 아나

줄 없는 거문고는 탈 줄 모르느니라.

이로써 자취는 사용할 줄 알고

이로써 정신은 사용할 줄 모르는 것이니

어떻게 이로써 거문고와 책의 멋을 얻을 수 있겠는가?

009.

心無物欲 卽是秋空霽海
심 무 물 욕　즉 시 추 공 제 해

坐有琴書 便成石室丹丘
좌 유 금 서　편 성 석 실 단 구

마음에 물욕(物欲)이 없으면

곧 이대로 가을 하늘에 갠 바다요.

자리에 거문고와 책이 있으면

문득 신선이 사는 곳을 이룬 것이니라.

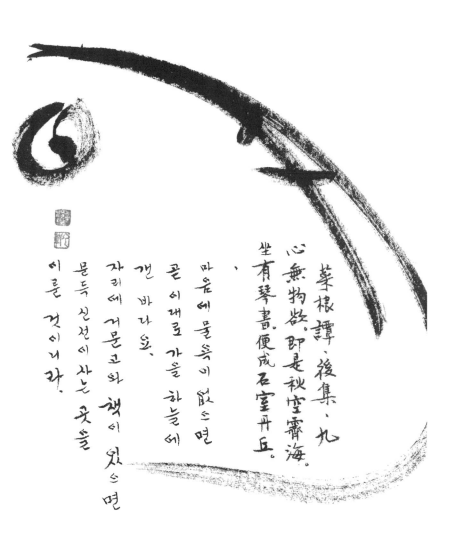

菜根譚・後集・九

心無物欲, 即是秋空霽海.
坐有琴書, 便成石室丹丘.

마음에 물욕이 없으면
곧 이대로 가을 하늘에
갠 바다요,

자리에 거문고와 책이 있으면
문득 신선이 사는 곳을
이룰 것이니라.

010.

賓朋雲集 劇飮淋漓 樂矣
빈 붕 운 집 극 음 임 리 낙 의

俄而漏盡燭殘 香銷茗冷
아 이 누 진 촉 잔 향 소 명 냉

不覺反成嘔咽 令人索然無味
불 각 반 성 구 열 영 인 색 연 무 미

天下事率類此 奈何不早回頭也?
천 하 사 솔 유 차 내 하 부 조 회 두 야

손님과 벗이 구름처럼 모여서

어우러져 마시며 질펀하였다면

즐거웠으리라.

이윽고 마실 것이 다하고 촛불 가물거리며

향(香)이 사라지고 차(茶)가 식어버리면

자기도 모르게 도리어 흐느끼게 되고

사람으로 하여금 허탈케 하여 살맛을 없게 하리니

천하의 일이 다 이와 같거늘

어찌 일찍이 고개를 돌리지 않을 수 있겠는가?

011.

會得個中趣 五湖之烟月盡入寸裡
회 득 개 중 취　오 호 지 연 월 진 입 촌 리

破得眼前機 千古之英雄盡歸掌握
파 득 안 전 기　천 고 지 영 웅 진 귀 장 악

　　평범한 것에서 아취를 느낄 수 있으면

　　천하의 경관이 모두 마음속으로 들어오고

　　눈앞의 작용에서 깨달을 수 있으면

　　천고의 영웅도 모두 손아귀로 돌아오느니라.

012.

山河大地已屬微塵 而況塵中之塵?
산 하 대 지 이 속 미 진　이 황 진 중 지 진

血肉身軀且歸泡影 而況影外之影?
혈 육 신 구 차 귀 포 영　이 황 영 외 지 영

非上上智 無了了心
비 상 상 지　무 료 료 심

　　산하(山河) 대지(大地)도

　　이미 작은 먼지에 속하는 것이거늘

　　하물며 먼지 속의 먼지이겠는가?

　　피와 살, 몸뚱이도

　　또한 물거품과 그림자로 돌아가는 것이거늘

　　하물며 그림자 밖의 그림자이겠는가?

　　최상의 지혜가 아니면

　　마음을 헤아려 깨달을 수 없느니라.

013.

石火光中爭長競短 幾何光陰?
석 화 광 중 쟁 장 경 단　기 하 광 음

蝸牛角上較雌論雄 許大世界?
와 우 각 상 교 자 논 웅　허 대 세 계

부싯돌 불빛 속에

길고 짧음을 다투는데

그 세월이 얼마나 되겠는가?

달팽이 뿔 위에서

자웅(雌雄)을 겨루는데

그 세계가 얼마나 크다던가?

014.

寒燈無焰 敝裘無溫 總是播弄光景
한 등 무 염　폐 구 무 온　총 시 파 롱 광 경

身如槁木 心似死灰 不免墮落頑空
신 여 고 목　심 사 사 회　불 면 타 락 완 공

꺼진 등(燈)은 불꽃이 없고

헤진 가죽옷에 온기(溫氣)가 없다함은

모두 이는 "삭막한" 광경(光景)을 희롱한 것이니라.

몸은 고목나무와 같고

마음이 식은 재와 같다면

완고한 공(空)3)에 떨어지는 것을 면치 못하느니라.

---

3) 공(空): 불교에서 모든 것이 공(空)으로 돌아간다 하며 제대로 공(空)을 증득(證得)
　한 것을 견성(見性)이라 한다. 여기서의 완고(頑固)한 공(空)은 고정관념(固定觀念)

菜根譚、後集、十四.

寒燈無焰、敝裘無溫、總是播弄光景、身如槁木心似死灰、不免墮生落頑空。

꺼질 듯은 불꽃이 없고
헤진 가죽옷에 온기가
없다 함은 모두 이는
삭막한 광경을 희롱한
것이니라.

몸은 고목나무와 같고
마음이 식은 재와 같다 면
완고한 공에 떨어지는
것을 면치 못하느니라.

을 의미함.

015.

人肯當下休 便當下了
인 긍 당 하 휴 편 당 하 료

若要尋個歇處 則婚嫁雖完 事亦不少
약 요 심 개 헐 처 즉 혼 가 수 완 사 역 불 소

僧道雖好 心亦不了
승 도 수 호 심 역 불 료

前人云"如今休去便休了 若覓了時無了時"
전 인 운 여 금 휴 거 편 휴 료 약 멱 료 시 무 료 시

見之卓矣!
견 지 탁 의

사람이 "척하니" 그 자리에서 쉬면

문득 그 아래서 쉬어지는 것이요.

만약 알맞게 쉴 곳을 찾는다면

곧 아들딸 시집가고 장가를 비록 마친다 해도

일이란 또한 줄어들지 않는 것이니라.

승가(僧家)와 도가(道家)의 "수행(修行)이" 비록 훌륭하다 하나

마음은 또한 쉽게 헤아리지 못하는 것이니라.

앞사람이 이르기를

"지금 쉬고자 하면 문득 그 자리에서 쉬어야 하니 만약 깨달을
때를 찾는다면 깨달을 때란 없느니라."고 하였으니

식견(識見)이 탁월(卓越)하도다!

菜根譚、後集、十五

人肯當下休、便當下了。若要尋個歇處、則婚嫁雖完、事亦不少。僧道雖好、心亦不了。前人云、如今休去便休了。若覓了時無了時。見之卓矣。

사람이 철하려 그 자리에서 쉬면 문득 그 아래서 쉬어지는 것이요, 만약 앉을 맛께 쉴 곳을 찾는다 면 곧 아들 딸 시집가고 장가를 비록 마친다 해도 일이 관 관한 굴에 들지 않는 것이니라. 승가와 도가의 수행이 비록 훌륭하다 하나 마음은 또한 쉬며 헤아리지 못하는 것이니라.

알 사람이 이르기를 지금 쉬고자 하면 문득 그 자리에서 쉬어야 하니 만약 깨달을 때를 찾는다 면 깨달을 때란 없느니라. 고 하였으니 견해가 탁월하도다!

016.

從冷視熱　然後知熱處之奔馳無益
종 냉 시 열　연 후 지 열 처 지 분 치 무 익

從冗入閑　然後覺閑中之滋味最長
종 용 입 한　연 후 각 한 중 지 자 미 최 장

냉정하게

열광했을 때를 돌아보아야

연후에

열광했을 때의 분주함이 무익한 것임을 알게 되고

번잡하다가 한가함으로 들어가야

연후에

한가한 가운데 재미가 가장 훌륭한 것임을 깨닫게 되느니라.

017.

有浮雲富貴之風　而不必巖棲穴處
유 부 운 부 귀 지 풍　이 불 필 암 서 혈 처

無膏肓泉石之癖　而常自醉酒耽詩
무 고 황 천 석 지 벽　이 상 자 취 주 탐 시

부귀(富貴)를 뜬구름처럼 여기는 풍류(風流)가 있다 해도

반드시 바위굴에 살아야 되는 것은 아니고

자연을 좋아하는 버릇이 없다 해도

항상 스스로 술에 취하고 시를 읊을 수 있어야 하느니라.

018.

競逐聽人 而不嫌盡醉
경 축 청 인　이 불 혐 진 취

恬淡適己 而不誇獨醒
염 담 적 기　이 불 과 독 성

此釋氏所謂"不爲法纏 不爲空纏 身心兩自在"者
차 석 씨 소 위　불 위 법 전　불 위 공 전　신 심 양 자 재　자

명리(名利)의 다툼은 남들에게 맡겨서

다 취하더라도 미워하지 말아야 하고

고요하고 담백함은 내가 즐기되

홀로 깨어있다 하여 자랑하지 말아야 하느니라.

이를 부처님이 이르신 바로

"법(法)에도 매이지 말고 공(空)에도 매이지 말아야

몸과 마음이 둘 다 자재(自在)⁴⁾해 지느니라."고 하셨다.

---

4) 자재(自在): 번뇌(煩惱)의 속박(束縛)에서 벗어나 아무런 장애(障礙)가 없는 경지
(境地).

019.

延促由於一念 寬窄係之寸心
연 촉 유 어 일 념　관 착 계 지 촌 심

故機閑者 一日遙於千古 意廣者 斗室寬若兩間
고 기 한 자　일 일 요 어 천 고　의 광 자　두 실 관 약 양 간

"세월의" 길고 짧음은 한 생각에서 말미암는 것이요.

"공간의" 넓고 좁음은 한 마음에 달려있는 것이니

그러므로 작용에 한가한 자는

하루도 요원(遙遠)한 것이 천 년(千年) 같을 것이요.

뜻이 넓은 자는

한 칸의 집이라도 넓기가 하늘과 땅 사이와 같으니라.

020.

損之又損 栽花種竹 盡交還烏有先生
손 지 우 손　재 화 종 죽　진 교 환 오 유 선 생

忘無可忘 焚香煮茗 總不問白衣童子
망 무 가 망　분 향 자 명　총 불 문 백 의 동 자

"욕심을" 덜고 덜어내며

꽃 가꾸고 대를 심으니

오유(烏有)선생5)이 다 되었고

"번뇌를" 가히 잊을 수 없는 데까지 잊으며

향(香) 사루고 차(茶)를 달이니

모두 백의동자(白衣童子)6)에게 묻지 않아도 되느니라.

---

5) 오유(烏有)선생: 우화적(寓話的) 인물.

021.

都來眼前事 知足者仙境 不知足者凡境
도 래 안 전 사　지 족 자 선 경　부 지 족 자 범 경

總出世上因 善用者生機 不善用者殺機
총 출 세 상 인　선 용 자 생 기　불 선 용 자 살 기

눈앞에 몰려드는 모든 일이

만족할 줄 아는 자에게는 신선의 경지(境地)요.

만족할 줄 모르는 자에게는 평범한 경계(境界)니라.

세상의 모든 인연(因緣)은

잘 쓰는 자에게는 살리는 작용이 되고

잘 쓰지 못하는 자에게는 죽이는 작용이 되느니라.

022.

趨炎附勢之禍 甚慘亦甚速
추 염 부 세 지 화　심 참 역 심 속

棲恬守逸之味 最淡亦最長
서 염 수 일 지 미　최 담 역 최 장

권력을 쫓다가 따른 재앙은

몹시 참혹하고 또한 심히 신속하다고 하며

고요히 살며 편안함을 지키는 맛은

가장 담백하고 또한 가장 장구(長久)한 것이니라.

---

6) 백의동자(白衣童子): 도가(道家)에서 도인(道人)의 시중(侍中)을 드는 동자.

023.

松澗邊 携杖獨行 立處雲生破衲
송 간 변　휴 장 독 행　입 처 운 생 파 납

竹窓下 枕書高臥 覺時月侵寒氈
죽 창 하　침 서 고 와　각 시 월 침 한 전

소나무 숲의 개울가로

지팡이 끌며 홀로 거닐다가

곳에 서 있었더니

구름이 헤진 누더기에서 피어나고

대나무 창 아래에서

책을 베고 높이 누웠다가

때에 깨었더니

달이 낡은 담요에 서려 있더라.

菜根譚、後集、二十三、

松澗邊、携杖獨行、立處雲生破衲、竹窓下、枕書高臥、覺時月侵寒氈。

소나무 숲의 개울가로, 지팡이 끌며 홀로 거닐다가 곳에 서 있었더니 구름이 헤진 누더기에서 피어나고, 대나무 창 아래에서 책을 베고 높이 누웠다가 때에 깨었더니, 달이 낡은 담요에 서려 있었더라

024.

色慾火熾 而一念及病時 便興似寒灰
색 욕 화 치　이 일 념 급 병 시　편 흥 사 한 회

名利飴甘 而一想到死地 便味如嚼蠟
명 리 이 감　이 일 상 도 사 지　편 미 여 작 랍

故人常憂死慮病 亦可消幻業而長道心
고 인 상 우 사 려 병　역 가 소 환 업 이 장 도 심

색욕(色慾)이 불꽃처럼 타오를지라도

한 생각이 병든 때에 미치게 되면

문득 흥(興)이 식은 재와 같아지고

명예와 이익이 엿처럼 달콤할지라도

한 생각이 죽는 처지에 이르게 되면

문득 맛이 떫은 양초를 씹는 것과 같으리라.

그러므로 사람이 항상 죽음을 근심하고 병을 걱정하듯이 하면

또한 꼭두각시 같은 업(業)은 사라지게 되고

도심(道心)이 자라나게 되느니라.

025.

爭先的徑路窄 退後一步 自寬平一步
쟁 선 적 경 로 착　퇴 후 일 보　자 관 평 일 보

濃艷的滋味短 清淡一分 自悠長一分
농 염 적 자 미 단　청 담 일 분　자 유 장 일 분

　　앞을 다투는 길은 좁기 마련이니

　　한 발짝 뒤로 물러나면

　　절로 한 발짝만큼 너그러워지고

　　짙고 요염한 재미는 짧기 마련이니

　　한 푼이라도 맑고 담담히 하면

　　절로 한 푼만큼 느긋하니 길어지느니라.

026.

忙處不亂性 須閑處 心神養得清
망 처 불 난 성　수 한 처　심 신 양 득 청

死時不動心 須生時 事物看得破
사 시 부 동 심　수 생 시　사 물 간 득 파

　　바쁠 때

　　본성이 어지러워지지 않으려면

　　모름지기 한가한 때에

　　마음과 정신을 맑게 길러야 하고

　　죽을 때

　　마음이 흔들리지 않으려면

　　모름지기 살아 있을 때

　　사물을 보고 "이치를" 타파해야 하느니라.

027.

隱逸林中無榮辱 道義路上無炎凉
은 일 임 중 무 영 욕　도 의 노 상 무 염 량

은자(隱者)가 사는 숲에는

영화(榮華)도 욕(辱)됨도 없고

도의(道義)가 있는 길 위에는

뜨겁고 찬 변덕은 없느니라.

028.

熱不必除 而除此熱惱 身常在清凉臺上
열 불 필 제　이 제 차 열 뇌　신 상 재 청 량 대 상

窮不可遣 而遣此窮愁 心常居安樂窩中
궁 불 가 견　이 견 차 궁 수　심 상 거 안 락 와 중

열(熱)은 반드시 제거해야 되는 것이 아니니

이 열로 인한 고뇌(苦惱)7)를 제거하게 되면

몸이 항상 맑고 시원한 누대(樓臺) 위에 있게 되고

궁(窮)함은 물리쳐야 되는 것이 아니니

이 궁함으로 인한 근심을 물리치게 되면

마음이 늘 안락(安樂)한 집에 살게 되느니라.

---

7) 고뇌(苦惱): 괴로운 번뇌(煩惱).

029.

進步處 便思退步 庶免觸藩之禍
진 보 처 편 사 퇴 보 　 서 면 촉 번 지 화

著手時 先圖放手 纔脫騎虎之危
착 수 시 선 도 방 수 　 재 탈 기 호 지 위

한 걸음 나아갈 때

문득 한 걸음 물러날 것을 생각해 두면

거의 뿔이 울타리에 걸려8)

오도 가도 못하는 처지의 재앙은 면할 것이요.

손을 댔을 때

먼저 손을 뗄 때를 도모해 두면

비로소 호랑이의 등에 올라타9)

내릴 수도 타고 있을 수도 없는 위험한 처지는 벗어날 수 있느니라.

---

8) 촉번지화(觸藩之禍): 양의 뿔이 울타리에 걸려서 오도 가도 못하는 처지.

9) 기호지위(騎虎之危): 호랑이의 등에 올라타서 내릴 수도 그대로 있을 수도 없는
　 위험한 상황.

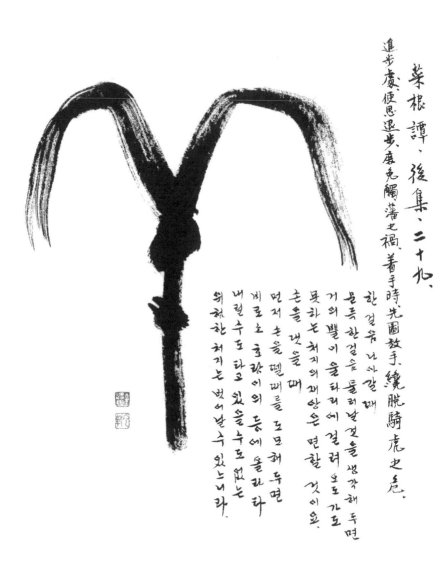

菜根譚、後集、二十九、

進步處便思退步、庶免觸藩之禍、著手時先圖放手、纔脫騎虎之危、

한 걸음 나아갈 때
문득 한 걸음 물러날 것을 생각해 두면
거의 뿔이 울타리에 걸려 오도 가도
못하는 처지의 재앙은 면할 것이요.
손을 댈 때
먼저 손을 뗄 때를 도모해 두면
비로소 호랑이의 등에 올라타
내릴 수도 타고 있을 수도 없는
위험한 처지는 벗어날 수 있느니라.

030.

貪得者 分金恨不得玉
탐 득 자 분 금 한 부 득 옥

封公怨不受侯 權豪自甘乞丐
봉 공 원 불 수 후 권 호 자 감 걸 개

知足者 藜羹旨於膏粱
지 족 자 여 갱 지 어 고 량

布袍煖於狐貉 編民不讓王公
포 포 난 어 호 학 편 민 불 양 왕 공

탐욕(貪欲)이 있는 자는

황금을 나누어 주어도 옥(玉)을 얻지 못한 것을 한탄하고

공경(公卿)10)에 봉해져도

제후(諸侯)11)로 제수 받지 못한 것을 원망하며

권세를 누리려고 스스로 구걸을 감수(甘受)하느니라.

족할 줄 아는 자는

명아주 국을 고기나 기름진 음식보다 맛있게 여기고

삼베 두루마기도

여우나 담비 가죽보다 따뜻하게 여기니

서민의 삶이라고 하나 왕공(王公)12)이 부럽지 않느니라.

---

10) 공경(公卿): 삼공(三公)과 구경(九卿).
11) 제후(諸侯): 봉건시대에 영토를 가지고 그 영내의 백성을 지배하던 사람.
12) 왕공(王公): 왕(王)과 공(公), 신분이 높은 사람.

031.

矜名不若逃名趣
긍 명 불 약 도 명 취

練事何如省事閑?
연 사 하 여 성 사 한

이름을 뽐내는 것은

이름을 숨기고 사는 취미(趣味)만 같지 못하고

숙련된 솜씨라 해도

어찌 일을 살피며 하는 한가함만 같을 수 있겠는가?

032.

嗜寂者 觀白雲幽石而通玄
기 적 자 관 백 운 유 석 이 통 현

趨榮者 見淸歌妙舞而忘倦
추 영 자 견 청 가 묘 무 이 망 권

唯自得之士 無喧寂 無榮枯 無往非自適之天
유 자 득 지 사 무 훤 적 무 영 고 무 왕 비 자 적 지 천

고요를 즐기는 자는

흰 구름이나 그윽한 돌을 보고도

진리를 깨닫게 되고

영화를 쫓는 자는

맑은 노래와 묘한 춤으로 권태를 잊으려 하니

오직 스스로 깨달은 선비라야

시끄러움이나 고요함도 없고

영고성쇠(榮枯盛衰)13)도 없을 것이니

가는 곳마다 스스로 맞지 않는 곳이 없느니라.

033.

孤雲出岫 去留一無所係
고 운 출 수　거 류 일 무 소 계

朗鏡懸空 靜躁兩不相干
낭 경 현 공　정 조 양 불 상 간

외로운 구름이 골짜기를 나오면

가고 머무름에 한결같이 관계되는 바가 없고

밝은 달이 허공에 걸리면

고요와 시끄러움에 모두 상관하지 않느니라.

---

13) 영고성쇠(榮枯盛衰): 인생이나 사물의 성(盛)하고 쇠(衰)함.

菜根譚、後集、三十三、

孤雲出岫去留一無所係, 朗鏡懸空. 靜躁兩不相干。

쇠로운 구름이 골짜기를 나오면

가고 머무름에 한 결같이 연계되는 바가 없고.

밝은 달이 허공에 걸리면

고요와 시끄러움에 모두 상관하지 않느니라.

034.

悠長之趣 不得於醲釅 而得於啜菽飲水
유 장 지 취　부 득 어 농 엄　이 득 어 철 숙 음 수

惆悵之懷 不生於枯寂 而生於品竹調絲
추 창 지 회　불 생 어 고 적　이 생 어 품 죽 조 사

固知濃處味常短 淡中趣獨眞也
고 지 농 처 미 상 단　담 중 취 독 진 야

느긋한 취미는

맛좋은 술에서 얻어지는 것이 아니니

콩 씹고 물 마시는 데서 얻어지는 것이며

슬프고 탄식하게 하는 감회는

메마르고 적막한 데서 생기는 것이 아니고

피리 불고 거문고 타는 속에서 생기느니라.

농염(濃艶)한 곳의 맛은 항상 단점(短點)이 있기 마련이고

담백한 가운데 취지(趣旨)가 홀로 참된 것임을 알아야 하느니라.

035.

禪宗曰 "饑來喫飯倦來眠"
선 종 왈　기 래 끽 반 권 래 면

詩旨曰 "眼前景致口頭語"
시 지 왈　안 전 경 치 구 두 어

蓋極高寓於極平　至難出於至易
개 극 고 우 어 극 평　지 난 출 어 지 이

有意者反遠　無心者自近也
유 의 자 반 원　무 심 자 자 근 야

선종(禪宗)14)에서 이르기를

"배고프면 밥 먹고 졸리면 잔다."라 하였고

시지(詩旨)15)에는 이르기를

"눈앞에는 경치요, 입으로는 말한다."라고 하였으니

대개 지극히 높은 것은 지극히 평평한 데서 생기고

지극히 어려운 것은 지극히 쉬운 곳에서 생기는 것이니

의식(意識)이 있는 자는 도리어 멀어지고

무심(無心)한 자라야 절로 가까워진다 하였느니라.

---

14) 선종(禪宗): 참선(參禪) 수행(修行)을 통하여 진리(眞理)를 직관(直觀)하는 것을 종
지(宗旨)로 삼는 불교(佛敎)의 한 종파(宗派). 불립문자(不立文字), 직지인심(直指人
心), 견성성불(見性成佛)을 표방하므로 불심종(佛心宗) 또는 심종(心宗)이라 한다.
남조양(南朝梁)때 달마대사(達磨大師)가 중국에 전하였고 송명대(宋明代)의 이학
(理學)과 함께 한국 불교에 많은 영향을 끼쳤음.

15) 시지(詩旨): 시(詩)에서 전하고자 하는 뜻.

036.

水流而境無聲 得處喧見寂之趣
수 류 이 경 무 성　득 처 훤 견 적 지 취

山高而雲不碍 悟出有入無之機
산 고 이 운 불 애　오 출 유 입 무 지 기

물이 흘러도 경계에는 소리가 없듯이

시끄러운 곳에 처할지라도

고요한 취지(趣旨)를 볼 줄 알아야 하느니라.

산이 높아도 구름은 구애받지 않으니

유(有)에서 나와

무(無)로 들어가는 기틀을 깨달아야 하느니라.

037.

山林是勝地 一營戀便成市朝
산 림 시 승 지　　일 영 연 편 성 시 조

書畵是雅事 一貪痴便成商賈
서 화 시 아 사　　일 탐 치 편 성 상 고

蓋心無染著 欲界是仙都
개 심 무 염 착　　욕 계 시 선 도

心有係戀 樂境成苦海矣
심 유 계 연　　낙 경 성 고 해 의

산림(山林)은 이대로 명승지(名勝地)이나

한 번 사람들이 경영(經營)하면

문득 저잣거리처럼 되고

글씨와 그림은 이대로 고상한 것이나

한 번 어리석게 탐하면

문득 장사꾼이 되나니

대개 마음에 집착이 없으면

욕계(欲界)도 이대로 선경(仙境)이 되고

마음에 미련이 있으면

낙원(樂園)이 고해(苦海)가 되느니라.

038.

時當喧雜 則平日所記憶者 皆漫然忘去
시 당 훤 잡　즉 평 일 소 기 억 자　개 만 연 망 거

境在淸寧 則夙昔所遺忘者 又恍爾現前
경 재 청 녕　즉 숙 석 소 유 망 자　우 황 이 현 전

可見靜躁稍分 昏明頓異也
가 견 정 조 초 분　혼 명 돈 이 야

시끄럽고 혼잡한 때를 당하면

곧 평소에 기억하던 것도

모두 멍하니 잊어버리게 되고

맑고 편안한 경계에 있게 되면

곧 옛날의 잊혀 버렸던 바도

또한 반짝 나타나게 되나니

가히 보았으리라.

고요함과 시끄러움이 조금만 달라져도

혼미(昏迷)하고 총명(聰明)함이 또렷이 달라지느니라.

039.

蘆花被下 臥雪眠雲 保全得一窩夜氣
노 화 피 하　와 설 면 운　보 전 득 일 와 야 기

竹葉杯中 吟風弄月 躲離了萬丈紅塵
죽 엽 배 중　음 풍 농 월　타 이 료 만 장 홍 진

갈대 꽃 이불 아래

눈밭에 누워 구름을 베고 잠에 드니

온 누리의 밤기운을 온전히 느낄 수 있고

댓잎 술잔 속에

풍류(風流)16)를 음미(吟味)하며 달을 희롱하니

만 길이나 쌓인 세상의 티끌이 떨쳐졌느니라.

040.

袞冕行中 著一藜杖的山人 便增一段高風
곤 면 행 중　착 일 려 장 적 산 인　편 증 일 단 고 풍

漁樵路上 著一袞衣的朝士 轉添許多俗氣
어 초 노 상　착 일 곤 의 적 조 사　전 첨 허 다 속 기

固知濃不勝淡 俗不如雅也
고 지 농 불 승 담　속 불 여 아 야

벼슬아치 행렬 속에

명아주 지팡이를 짚은 산(山)사람이 섞이게 되면

문득 일단의 고상한 풍취가 더해지고

어부와 나무꾼이 가는 길에

---

16) 풍류(風流): 고상한 멋.

비단옷 입은 벼슬아치가 끼게 되면

도리어 허다한 속기(俗氣)를 더하게 되니

굳이 알리자면

짙은 것은 담백한 것만 못하고

속된 것은 고상한 것만 같지 못하느니라.

041.

出世之道 卽在涉世中 不必絶人以逃世
출 세 지 도   즉 재 섭 세 중   불 필 절 인 이 도 세

了心之功 卽在盡心內 不必絶欲以灰心
요 심 지 공   즉 재 진 심 내   불 필 절 욕 이 회 심

세상을 벗어나는 길은

곧 세상을 건너가는 가운데 있으니

반드시 인정(人情)을 끊고

이로써 세상을 도피해야만 되는 것이 아니요.

마음을 깨닫는 공(功)은

곧 모두 마음 안에 있으니

반드시 욕망(欲望)을 끊고

이로써 마음을 식은 재처럼 해야 되는 것은 아니니라.

042.

此身常放在閒處 榮辱得失誰能差遣我?
차 신 상 방 재 한 처　영 욕 득 실 수 능 차 견 아

此心常安在靜中 是非利害誰能瞞昧我?
차 심 상 안 재 정 중　시 비 이 해 수 능 만 매 아

이 몸을 항상 한가한 곳에 놓아두면

영욕(榮辱)과 득실(得失)인들

누가 능히 나를 그르치게 할 수 있겠는가?

이 마음을 항상 고요한 가운데 놓아두면

시비(是非)와 이해(利害)인들

누가 능히 나를 속일 수 있겠는가?

043.

竹籬下 忽聞犬吠鷄鳴 恍似雲中世界
죽 리 하　홀 문 견 폐 계 명　황 사 운 중 세 계

芸窓中 雅聽蟬吟鴉噪 方知靜裡乾坤
예 창 중　아 청 선 음 아 조　방 지 정 리 건 곤

대나무 울타리 아래에서

홀연히 개짓는 소리와 닭 우는 소리를 들으면

황홀하여 구름 속의 세상과 같고

향기로운 풀 우거진 창으로

우아한 매미소리와 까마귀의 재잘거림을 들으면

바야흐로 고요한 속의 건곤(乾坤)17)을 알게 되느니라.

---

17) 건곤(乾坤): 하늘과 땅.

044.

我不希榮 何憂乎利祿之香餌?
아 불 희 영 하 우 호 이 록 지 향 이

我不競進 何畏乎仕宦之危機?
아 불 경 진 하 외 호 사 환 지 위 기

내가 영화를 바라지 않는다면

어찌 이해와 봉록의 향기로운 미끼인들 걱정할 것이며

내가 승진을 다투지 않는다면

어찌 벼슬살이의 위기를 두려워하겠는가?

045.

徜徉於山林泉石之間 而塵心漸息
상 양 어 산 림 천 석 지 간 이 진 심 점 식

夷猶於詩書圖畫之內 而俗氣潛消
이 유 어 시 서 도 화 지 내 이 속 기 잠 소

故君子 雖不玩物喪志 亦常借境調心
고 군 자 수 불 완 물 상 지 역 상 차 경 조 심

산림(山林)의 자연(自然) 속을 배회하노라면

속세의 찌든 마음이 점점 쉬어지고

시서화(詩書畵) 속에 머물게 되면

속된 기운이 가라앉고 사라지게 되나니

그러므로 군자는 비록 진기한 물건을 완상(玩賞)하더라도

의지(意志)를 상(傷)하게 하지 않아야 하며

또한 항상 경계를 빌려 마음을 조정해야 하느니라.

046.

春日氣象繁華 令人心神駘蕩
춘 일 기 상 번 화　영 인 심 신 태 탕

不若秋日雲白風清 蘭芳桂馥
불 약 추 일 운 백 풍 청　난 방 계 복

水天一色 上下空明
수 천 일 색　상 하 공 명

使人神骨俱清也
사 인 신 골 구 청 야

봄날의 기상이 화사하여

사람의 마음과 정신으로 하여금

넓고 호탕하게 한다지만

가을날의 구름 희고 바람 맑으며

아리따운 난초와 계수나무 향기로

물과 하늘이 한 빛으로

위아래가 확 트여서 호젓하게 밝은 것이

사람으로 하여금

정신과 골수를 모두 맑게 하느니만 같지 못하느니라.

047.

一字不識而有詩意者 得詩家眞趣
일 자 불 식 이 유 시 의 자　득 시 가 진 취

一偈不參而有禪味者 悟禪敎玄機
일 게 불 참 이 유 선 미 자　오 선 교 현 기

한 글자를 알지 못할지라도

시의(詩意)를 지니고 사는 이는

시인의 참 멋을 얻은 것이요.

한 게송(偈頌)18)을 참구(參究)하지 않았다 해도

선미(禪味)를 지니고 있는 자는

선(禪)과 교(敎)의 현묘(玄妙)19)한 작용을 깨달은 것이니라.

---

18) 게송(偈頌): 외기 쉽게 게구(偈句)로 지어 부처의 공덕을 찬미(讚美)한 글.

19) 현묘(玄妙): 도리(道理)와 기예(技藝)가 깊어서 매우 미묘(微妙)함.

048.

機動的　弓影疑爲蛇蝎　寢石視爲伏虎
기 동 적　궁 영 의 위 사 갈　침 석 시 위 복 호

此中渾是殺氣
차 중 혼 시 살 기

念息的　石虎可作海鷗　蛙聲可當鼓吹
염 식 적　석 호 가 작 해 구　와 성 가 당 고 취

觸處俱見眞機
촉 처 구 현 진 기

작용에 흔들리면

활 그림자를 뱀으로 의심하게 되고

누워있는 돌도 엎드린 호랑이로 보이니

이 가운데 이는 살기(殺氣)가 섞여있는 것이요.

생각을 쉬면

석호(石虎)[20]가 바다 갈매기처럼 길들여지고

개구리 소리도 북을 두드리는 소리로 들리나니

부딪히는 곳마다 참된 작용이 갖추어 나타나느니라.

049.

身如不繫之舟　一任流行坎止
신 여 불 계 지 주　일 임 유 행 감 지

心似旣灰之木　何妨刀割香塗?
심 사 기 회 지 목　하 방 도 할 향 도

---

20) 석호(石虎): 진나라 사람으로 성정이 거칠었는데 고승(高僧)의 덕으로 갈매기처럼
　　유순하게 교화(教化)되었다는 고사(故事).

몸은 마치 매이지 않은 배와 같이 해야 하나니
흘러가고 멈춤에 한결같이 맡겨야 하고
마음은 흡사 죽은 나무와 같이 해야 하나니
어찌 칼로 쪼개고 향을 바른들 탓하겠는가?

050.

人情聽鶯啼則喜 聞蛙鳴則厭
인 정 청 앵 제 즉 희　문 와 명 즉 염

見花則思培之 遇草則欲去之
견 화 즉 사 배 지　우 초 즉 욕 거 지

俱是以形氣用事
구 시 이 형 기 용 사

若以性天視之 何者非自鳴其天機?
약 이 성 천 시 지　하 자 비 자 명 기 천 기

非自暢其生意也?
비 자 창 기 생 의 야

　사람의 감정은
　꾀꼬리 우는 소리를 듣게 되면 곧 기뻐하고
　개구리 우는 소리를 들으면 싫어하며
　꽃을 보면 북돋아 주고 싶고
　풀을 보면 곧 뽑아버리려고 하니
　갖추어 보면 이는 모양과 기질로써 쓰임을 삼는 것이니라.
　만약 하늘이 내린 본성(本性)으로 보자면
　어느 것인들
　그것이 하늘의 작용을 스스로 울려주는 것이 아니겠으며?
　스스로 그렇게 생생한 뜻을 드러내는 것이 아니겠는가?

051.

髮落齒疎 任幻形之彫謝
발 락 치 소　임 환 형 지 조 사

鳥吟花笑 識自性之眞如
조 음 화 소　식 자 성 지 진 여

머리 빠지고 이가 성글어 지면
환형(幻形)21)이 시들어 가는대로 맡겨야 하고
새가 짹짹거리고 꽃이 깔깔대는 속에서
자성(自性)22)의 참 모습을 알아야 하느니라.

052.

欲其中者 波沸寒潭 山林不見其寂
욕 기 중 자　파 비 한 담　산 림 불 견 기 적

虛其中者 凉生酷暑 朝市不知其喧
허 기 중 자　양 생 혹 서　조 시 부 지 기 훤

욕망으로 가득한 자는
찬 연못에 있어도 물결이 끓어오르고
산림 속에 있어도 그곳의 고요함을 보지 못하느니라.
그 마음을 비운 자는
무더위 속에 있어도 서늘함이 생기고
시장 속에 있어도 그곳의 시끄러움을 알지 못하느니라.

---

21) 환형(幻形): 병이 들거나 늙어서 얼굴 모양이 달라짐.
22) 자성(自性): 제법(諸法)이 각기 갖추고 있는 불변(不變), 불멸(不滅)의 본성(本性).

053.

多藏者厚亡 故知富不如貧之無慮
다 장 자 후 망 고 지 부 불 여 빈 지 무 려

高步者疾顚 故知貴不如賤之常安
고 보 자 질 전 고 지 귀 불 여 천 지 상 안

많이 지닌 자는 모두 잃을 수도 있으니

그러므로

부유(富裕)함이

가난해도 걱정이 없느니만 같지 못함을 알아야 하고

높이 오른 자는 빨리 뒤집힐 수도 있으니

그러므로

귀(貴)함이

천(賤)해도 항상 편안함만 같지 못함을 알아야 하느니라.

054.

讀易曉窓 丹砂研松間之露
독 역 효 창 단 사 연 송 간 지 로

談經午案 寶磬宣竹下之風
담 경 오 안 보 경 선 죽 하 지 풍

새벽 창가에서 주역(周易)을 읽다가

단사(丹砂)23)를 소나무의 이슬로 갈고

한낮 불경(佛經)을 담론(談論)하는데

풍경(風磬)이 대숲에서 부는 바람에 울려 퍼지네.

---

23) 단사(丹砂): 붉은색 주사(朱砂). 책을 읽다가 중요한 부분을 동그라미나 방점(傍點)
을 찍을 때 사용하는 물감.

菜根譚·後集·五十四、

讀易曉窓丹砂研松間也露談經午案寶磬宣竹下也風。

새벽 창가에서 주역을 읽다가

단사를 소나무의 이슬로 갈고

한낮 불경을 담론하는데

풍경이 대숲에서 부는 바람에 울려 퍼지네.

丁酉年 花甦·寒照·辛興植·

055.

花居盆內終乏生機 鳥入籠中便減天趣
화 거 분 내 종 핍 생 기 조 입 농 중 편 감 천 취

不若山間花鳥錯集成文 翺翔自若
불 약 산 간 화 조 착 집 성 문 고 상 자 약

自是悠然會心
자 시 유 연 회 심

꽃을 화분 속에 기르면

마침내 생기(生氣)를 잃게 되고

새를 새장 안에 가두면

문득 하늘이 내려준 아취(雅趣)가 덜어지나니

산속의 꽃과 새가 한데 어울려 문채(文彩)를 이루고

자유자재(自由自在)24)로 마음껏 날아다님만 같을 수 있겠는가?

스스로 이는 간섭 없이 본성에 맞게 하는 것만 같지 못하느니라.

---

24) 자유자재(自由自在): 어떤 범위 내에서 구속·제한됨이 없이 자기 마음대로 함.

056.

世人只緣認得我字太眞 故多種種嗜好 種種煩惱
세인지연인득아자태진 고다종종기호 종종번뇌

前人云 "不復知有我 安知物爲貴?"
전인운 불부지유아 안지물위귀

又云 "知身不是我 煩惱更何侵?"
우운 지신불시아 번뇌갱하침

眞破的之言也
진파적지언야

세상 사람들이

다만 "나"라는 글자를 지나치게 참된 것으로 알다 보니

그러므로 가지가지 기호(嗜好)에

가지가지 번뇌가 많으니라.

앞 사람이 이르기를

"내가 있는지조차 알지 못하는 것인데 어찌 사물의 귀함인들 알
수 있겠는가?"라 하였고

또한 이르기를

"이 몸도 내 것이 아닌 줄 알게 되면 번뇌가 다시 어찌 침범할
수 있겠는가?"라고 하였으니

진실로 파격적(破格的)인 말씀이로다!

057.

自老視少 可以消奔馳角逐之心
자 노 시 소 　가 이 소 분 치 각 축 지 심

自瘁視榮 可以絶紛華靡麗之念
자 췌 시 영 　가 이 절 분 화 미 려 지 념

노인의 입장에서 젊은이를 바라보면

이로써 바쁘게 달리고 서로 다투던 마음이 사라지게 되고

쇠퇴(衰頹)한 처지에서 영화(榮華)를 돌아보면

이로써 사치(奢侈)하고 화려(華麗)한 생각을 끊게 하느니라.

058.

人情世態 倐忽萬端 不宜認得太眞
인 정 세 태 숙 홀 만 단 불 의 인 득 태 진

堯夫云
요 부 운

"昔日所云我 而今卻是伊 不知今日我
석 일 소 운 아 이 금 각 시 이 부 지 금 일 아

又屬後來誰?"
우 속 후 래 수

人常作是觀 便可解卻胸中罥矣
인 상 작 시 관 편 가 해 각 흉 중 견 의

인정(人情)과 세태(世態)는

갑자기 만 가지로 변하는 것이니

지나치게 참된 것으로 인식하는 것은 마땅치 않느니라.

요부(堯夫)25)가 이르기를

"옛날에는 내 것이라고 이르던 것이

오늘은 도리어 저 사람의 것이 되었으니

오늘은 내 것인데

또 훗날 누구의 것이 되는지 알 수 없다."고 하였으니

사람이 항상 이렇게 관(觀)하면

문득 가슴속의 얽매임을 풀 수 있느니라.

---

25) 요부(堯夫): 송(宋)의 범양(范陽)사람 소옹(邵雍)의 자(字). 자(字)는 "사람의 이름을
소중히 여겨 본 이름 외에 부르기 위하여 짓는 이름. 흔히 장가든 뒤에 본 이름
대신으로 부름." 시호(諡號)는 강절(康節).

059.

熱鬧中著一冷眼 便省許多苦心思
열 료 중 착 일 냉 안　편 성 허 다 고 심 사

冷落處存一熱心 便得許多眞趣味
냉 락 처 존 일 열 심　편 득 허 다 진 취 미

열중(熱中)하고 있을 때

한 번 냉정한 눈으로 보게 되면

문득 허다하게 괴로웠던 생각을 살필 수 있고

낭패한 곳에 떨어졌다 해도

또렷이 열중(熱中)하는 마음만 있으면

문득 허다한 참 멋을 얻을 수 있느니라.

060.

有一樂境界 就有一不樂的相對待
유 일 낙 경 계　취 유 일 불 락 적 상 대 대

有一好光景 就有一不好的相乘除
유 일 호 광 경　취 유 일 불 호 적 상 승 제

只是尋常家飯 素位風光 纔是個安樂的窩巢
지 시 심 상 가 반　소 위 풍 광　재 시 개 안 락 적 와 소

하나의 즐거운 경계가 있으면

나아가 하나의 괴로운 일이 불거져

서로 상대가 있기 마련이니라.

하나의 훌륭한 경치가 있으면

나아가 좋지 못한 경치와 서로 어울려 상승하고 억제되나니

다만 이를 일상(日常) 겪는 다반사(茶飯事)26)라 하고

본래 있는 그대로의 풍광(風光)이라 하나니

겨우 이것을 안락한 거처(居處)라 하느니라.

061.

簾櫳高敞 看靑山綠水呑吐雲煙 識乾坤之自在
염 롱 고 창　간 청 산 녹 수 탄 토 운 연　식 건 곤 지 자 재

竹樹扶疎 任乳燕鳴鳩送迎時序 知物我之兩忘
죽 수 부 소　임 유 연 명 구 송 영 시 서　지 물 아 지 양 망

발과 창(窓)을 높이 열고

청산(靑山) 녹수(綠水)가

─────────────

26) 다반사(茶飯事): 차나 밥 먹듯 하는 일.

구름과 안개를 토했다 삼키는 것을 보노라면

하늘과 땅의 자재(自在)함을 알게 되고

대와 나무가 우거진 속에

제비 새끼 치고 비둘기 우는 소식을

시절에 맡겨 보내고 맞다 보면

사물과 나 둘 다 잊는 것을 알게 하느니라.

062.

知成之必敗 則求成之心不必太堅
지 성 지 필 패　즉 구 성 지 심 불 필 태 견

知生之必死 則保生之道不必過勞
지 생 지 필 사　즉 보 생 지 도 불 필 과 로

이룬 것은 반드시 무너지게 되는 것임을 알게 되면

곧 이루기를 구하려든 마음이

반드시 지나치게 몰두하지 않을 것이요.

살아있는 것은 반드시 죽는 것임을 알게 되면

곧 삶을 보전하려는 것에

반드시 지나치게 애쓰지 않을 것이니라.

063.

古德云 "竹影掃堦塵不動 月輪穿沼水無痕"
고 덕 운 죽 영 소 계 진 부 동 월 륜 천 소 수 무 흔

吾儒云 "水流任急境常靜 花落雖頻意自閑"
오 유 운 수 류 임 급 경 상 정 화 락 수 빈 의 자 한

人常持此意 以應事接物 身心何等自在
인 상 지 차 의 이 응 사 접 물 신 심 하 등 자 재

고덕(古德)27)이 이르기를

"댓 그림자 뜰을 쓸어도 먼지는 일지 않고

달이 연못 밑을 뚫어도 수면에는 흔적이 없네."라 하였고

우리 유가(儒家)에서 이르되

"물이 급하게 흘러도 경계는 항상 고요하고

꽃이 비록 자주 떨어져도 마음은 스스로 한가하다."라 하였으니

사람이 항상 이러한 뜻을 지니고

이로써 일에 응하고 사물을 접하게 되면

몸과 마음이 어찌 자재(自在)하지 않을 수 있겠는가?

---

27) 고덕(古德): 야보도천(冶父道川)선사(禪師)의 시(詩).

064.

林間松韻 石上泉聲 靜裡聽來 識天地自然鳴佩
임 간 송 운　석 상 천 성　정 리 청 래　식 천 지 자 연 명 패

草際烟光 水心雲影 閒中觀去 見乾坤最上文章
초 제 연 광　수 심 운 영　한 중 관 거　견 건 곤 최 상 문 장

숲속 솔바람과

돌 틈의 샘물소리도

고요한 속에 들으면

천지(天地) 자연(自然)의 울림임을 알게 되고

풀밭에 서린 안개 빛과

물속에 비친 그림자도

한가한 가운데 보게 되면

하늘과 땅의 가장 훌륭한 문장(文章)을 보는 것이니라.

菜根譚・後集・六十四

林間松韻 石上泉聲 靜裡聽來 識天地自然鳴佩。
草隙烟光 水心雲影 閑中觀去 見乾坤最上文章。

솔숲 솔바람과 돌 틈의 샘물 소리도
고요한 속에 들으면, 천지 자연의 울림임을 알게 되고
풀밭에 서린 안개빛과 물속에 비친 그림자도
한가한 가운데 보게 되면,
하늘과 땅의 가장 훌륭한 문장을 보는 것이니라.

065.

眼看西晉之荊榛 猶矜白刃
안 간 서 진 지 형 진　유 긍 백 인

身屬北邙之狐兔 尚惜黃金
신 속 북 망 지 호 토　상 석 황 금

語云 "猛獸易伏 人心難降 谿壑易滿 人心難滿"
어 운　맹 수 이 복　인 심 난 항　계 학 이 만　인 심 난 만

信哉!
신 재

눈으로 서진(西晉)시대의 가시덤불을 보면서도

오히려 칼날을 뽐내고

몸은 북망산의 여우와 토끼 굴에 맡겨질 것인데

오히려 황금을 아끼느니라.

어(語)에 이르기를

"사나운 맹수는 복종하기 쉬우나 사람의 마음은 항복 받기 어렵고
골짜기는 채우기 쉬우나 사람 마음은 채우기 어렵다."고 하였으니
진실로 믿을 만하도다!

066.

心地上無風濤 隨在皆靑山綠水
심 지 상 무 풍 도　수 재 개 청 산 녹 수

性天中有化育 觸處見魚躍鳶飛
성 천 중 유 화 육　촉 처 견 어 약 연 비

　　마음에

　　바람이나 파도가 없으면

　　따르는 곳마다 모두 청산(靑山) 녹수(綠水)요.

　　본성 가운데

　　화육(化育)28) 하는 뜻이 있나니

　　부딪히는 곳마다 고기가 뛰고 솔개 나는 것을 보게 되느니라.

067.

峨冠大帶之士 一旦睹輕蓑小笠
아 관 대 대 지 사　일 단 도 경 사 소 립

飄飄然逸也 未必不動其咨嗟
표 표 연 일 야　미 필 부 동 기 자 차

長筵廣席之豪 一旦遇疏簾淨几
장 연 광 석 지 호　일 단 우 소 렴 정 궤

悠悠焉靜也 未必不增其綣戀
유 유 언 정 야　미 필 부 증 기 권 연

人奈何驅以火牛 誘以風馬 而不思自適其性哉?
인 내 하 구 이 화 우　유 이 풍 마　이 불 사 자 적 기 성 재

---

28) 화육(化育): 천지 자연(自然)의 이치로 만물을 만들고 기름.

고관대작(高官大爵)이라도

한 번 가벼운 도롱이와 삿갓으로

걸림 없이 소일하는 이를 보게 되면

반드시 부러운 탄식이 나오지 않을 수 없고

넓고 호화롭게 지내는 부호라도

한 번 성근 발에 정갈한 책상으로

느긋하게 사는 고요한 이를 만나게 되면

반드시 부러워하지 않을 수 없으리라.

사람들은 어찌

전쟁(戰爭)을 "화우(火牛)[29]로서 달리고 풍마(風馬)[30]로서 유인(誘引)하였다."고 하니

스스로 그들의 본성(本性)에 맡겨 유유자적(悠悠自適)하도록 생각해 주지 않았던 것인가?

---

29) 화우(火牛): 전국시대 전단이라는 사람이 소의 꼬리에 불을 붙여 적진 속으로 달리게 하여 잔혹하게 전쟁을 한 고사(故事).

30) 풍마(風馬): 전쟁의 승리를 위하여 발정기의 말로 상대의 군마(軍馬)를 유인(誘引)하여 본성(本性)을 거스르며 전쟁을 한 고사(故事).

068.

魚得水遊而相忘乎水　鳥乘風飛而不知有風
어 득 수 유 이 상 망 호 수　조 승 풍 비 이 부 지 유 풍

識此可以超物累　可以樂天機
식 차 가 이 초 물 루　가 이 낙 천 기

고기가 물을 얻어 헤엄치지만

상대인 물은 잊어버리고

새가 바람을 타고 날지만

바람이 있는 것을 알지 못하니

이 도리(道理)를 알면

이로써 사물(事物)의 속박에서 초월(超越)하는 것이요.

이로써 하늘의 작용을 즐기는 것이니라.

069.

狐眠敗砌　兎走荒臺　盡是當年歌舞之地
호 면 패 체　토 주 황 대　진 시 당 년 가 무 지 지

露冷黃花　烟迷衰草　悉屬舊時爭戰之場
노 냉 황 화　연 미 쇠 초　실 속 구 시 쟁 전 지 장

盛衰何常　强弱安在?
성 쇠 하 상　강 약 안 재

念此令人心灰!
염 차 영 인 심 회

여우는 허물어진 축대(築臺)에서 잠자고

토끼는 황폐해진 고대(高臺)를 달리나니

모두 이는 당년(當年)에는 노래하고 춤추던 땅이니라.

이슬이 누런 국화에 맺히고

안개가 시든 초원에 자욱하나니

모두 그 옛날 다투고 싸우던 전쟁(戰爭)터니라.

번성(繁盛)함과 쇠퇴(衰退)함이 어찌 항상 할 수 있으며

강하고 약함인들 어찌 있겠는가?

이를 생각하면 사람으로 하여금 마음이 식은 재와 같아지느니라.

070.

寵辱不驚 閒看庭前花開花落
총 욕 불 경　한 간 정 전 화 개 화 락

去留無意 漫隨天外雲卷雲舒
거 류 무 의　만 수 천 외 운 권 운 서

총애(寵愛)와 욕(辱)됨에 놀라지 않아야 하니

한가히 뜰 앞에 꽃이 피고 지는 것처럼 보아야 하느니라.

가고 머무름에 뜻이 없어야 하니

느긋하게

하늘 밖, 구름이 걷히고 펼쳐지는 대로 따라야 하느니라.

071.

晴空朗月 何天不可翺翔? 而飛蛾獨投夜燭
청 공 낭 월　하 천 불 가 고 상　　이 비 아 독 투 야 촉

清泉綠卉 何物不可飲啄? 而鴟鶚偏嗜腐鼠
청 천 녹 훼　하 물 불 가 음 탁　　이 치 악 편 기 부 서

噫! 世之不爲飛蛾鴟鶚者 幾何人哉?
희　　세 지 불 위 비 아 치 악 자　기 하 인 재

갠 허공에 달이 밝은데

어느 하늘인들 날지 못하랴만?

부나비는 홀로 한밤의 촛불에 몸을 던지느니라.

샘물 맑고 풀 푸르나니

어느 사물인들 마시고 씹지 못하랴만?

올빼미는 치우쳐서 썩은 쥐를 즐기느니라.

슬프다!

세상에 부나비와 올빼미가 아닌 자가

과연 몇이나 되겠는가?

072.

纔就筏便思舍筏　方是無事道人

재 취 벌 편 사 사 벌　방 시 무 사 도 인

若騎驢又復覓驢　終爲不了禪師

약 기 려 우 부 멱 려　종 위 불 료 선 사

겨우 나룻배를 탔는데

문득 나룻배를 버릴 것을 생각했다면

바야흐로 이를 일을 마쳐 일 없는 도인(道人)이라 하고

만약 나귀를 타고

또 다시 나귀를 찾는다면

마침내 깨닫지 못한 선사(禪師)라 하느니라.

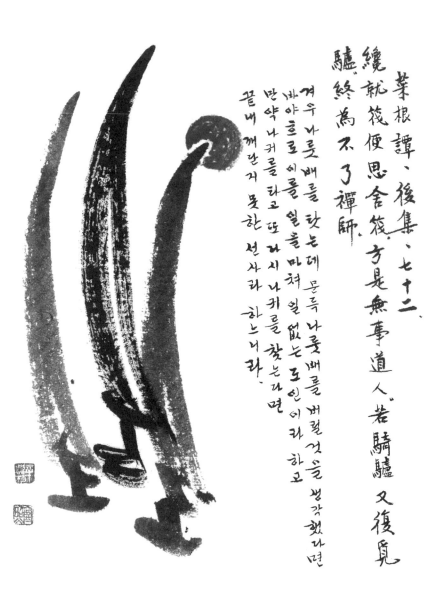

菜根譚、後集、七十二、

纔就筏便思舍筏、方是無事道人。若騎驢又復覓驢、終為不了禪師。

겨우 나룻배를 탔는데 문득 나룻배를 버릴 것을 생각했다면
바야흐로 이를 일을 마쳐 일을 없는 도인이라 하고
만약 나귀를 타고 또 다시 나귀를 찾는다면
끝내 깨닫지 못한 선사라 하느니라.

073.

權貴龍驤 英雄虎戰 以冷眼視之
권 귀 용 양　영 웅 호 전　이 냉 안 시 지

如蟻聚羶 如蠅競血
여 의 취 전　여 승 경 혈

是非蜂起 得失蝟興 以冷情當之
시 비 봉 기　득 실 위 흥　이 냉 정 당 지

如冶化金 如湯消雪
여 야 화 금　여 탕 소 설

　　권세와 부귀 때문에 용처럼 다투고

　　영웅이 되기 위해서 호랑이처럼 싸운다고 하니

　　냉정한 눈으로 보게 되면

　　마치 개미가 비린내 나는 고깃덩이에 모여드는 것 같고

　　파리가 피를 다투어 빠는 것과 같으니라.

　　시비(是非)에는 벌떼처럼 일어나고

　　이해득실(利害得失)에는 고슴도치 털같이 일어나는데

　　냉정히 감당하면

　　마치 풀무에 무쇠가 녹듯

　　끓는 물에 눈과 같이 사라지게 되느니라.

074.

羈鎖於物欲 覺吾生之可哀
기 쇄 어 물 욕　각 오 생 지 가 애

夷猶於性眞 覺吾生之可樂
이 유 어 성 진　각 오 생 지 가 락

知其可哀 則塵情立破
지 기 가 애　즉 진 정 입 파

知其可樂 則聖境自臻
지 기 가 락　즉 성 경 자 진

　　물욕에 얽매이게 되면
　　우리의 인생이 애달픈 것임을 깨닫게 되고
　　천성대로 진실하게 살게 되면
　　우리의 인생이 즐거운 것임을 깨닫게 되느니라.
　　그것이 애달픈 것임을 알게 되면
　　곧 속된 정리(情理)를 타파(打破)하게 되고
　　그것이 즐거운 것임을 알게 되면
　　곧 성인의 경지에 절로 이르게 되느니라.

075.

胸中旣無半點物欲 已如雪消爐焰氷消日
흉 중 기 무 반 점 물 욕　이 여 설 소 노 염 빙 소 일

眼前自有一段空明 時見月在靑天影在波
안 전 자 유 일 단 공 명　시 견 월 재 청 천 영 재 파

　　가슴속에
　　이미 반점(半點)의 물욕도 없으면

눈이 붉은 화로에서 사라지고

얼음이 햇빛에 녹은 것과 같아서

눈앞이

스스로 일단의 허공처럼 밝을 것이니.

때에 달은 푸른 하늘에 있고

그림자가 물결 속에 있는 것을 보게 되리라.

076.

詩思在灞陵橋上 微吟就 林岫便已浩然
시 사 재 패 릉 교 상　미 음 취　임 수 편 이 호 연

野興在鏡湖曲邊 獨往時 山川自相映發
야 흥 재 경 호 곡 변　독 왕 시　산 천 자 상 영 발

시상(詩想)은 패릉교 위에 있나니

나직이 읊조리고 나아감에

숲과 골짜기가 호젓하니 넓어지느니라.

들의 흥취는 거울 같은 호수의 굽이치는 물가에 있나니

홀로 갔을 때

산천이 스스로의 모습을 비추어 내느니라.

077.

伏久者飛必高 開先者謝獨早
복 구 자 비 필 고　개 선 자 사 독 조

知此 可以免蹭蹬之憂 可以消躁急之念
지 차　가 이 면 충 등 지 우　가 이 소 조 급 지 념

오래 엎드린 새는

날면 반드시 높이 오르고

먼저 피어난 꽃은

유독 빨리 시드느니라.

이 도리를 알면

이로써 발을 헛디디는 근심을 면할 수 있고

이로써 조급한 생각을 사라지게 할 수 있느니라.

078.

樹木至歸根 而後知花萼枝葉之徒榮
수 목 지 귀 근　이 후 지 화 악 지 엽 지 도 영

人事至蓋棺 而後知子女玉帛之無益
인 사 지 개 관　이 후 지 자 녀 옥 백 지 무 익

나무는 잎이 뿌리로 돌아가고 난 후에

꽃과 가지와 잎이 헛된 영화였음을 알게 되고

사람의 일은 관 덮개를 닫고 난 후에

자녀와 재물이 무익한 것임을 알게 되느니라.

079.

眞空不空 執相非眞 破相亦非眞
진 공 불 공　집 상 비 진　파 상 역 비 진

問世尊 如何發付?
문 세 존　여 하 발 부

"在世出世 徇欲是苦 絶欲亦是苦"
재 세 출 세　순 욕 시 고　절 욕 역 시 고

聽吾儕善自修持
청 오 제 선 자 수 지

참된 공(空)은 공(空)이 아니고

상(相)에 집착하는 것 참이 아니며

상(相)을 깨는 것도 또한 참이 아니니라.

묻노니 세존께서는

무엇이라고 부촉하셨는가?

"속세(俗世)에 있되 속세를 벗어나라 하셨고

욕심을 따르는 것, 이것이 괴로움이며

욕심을 끊는 것, 또한 이것도 괴로움이다."라고 하셨으니

들은 대로 우리는 잘 스스로 닦고 지녀야 하느니라.

080.

烈士讓千乘 貪夫爭一文 人品星淵也
열 사 양 천 승　탐 부 쟁 일 문　인 품 성 연 야

而好名不殊好利
이 호 명 불 수 호 리

天子營家國 乞人號饔飱 位分霄壤也
천 자 영 가 국　걸 인 호 옹 손　위 분 소 양 야

而焦思何異焦聲?
이 초 사 하 리 초 성

열사(烈士)31)는 천승(千乘)32)의 나라도 사양하고

탐욕스러운 사내는 한 푼을 다툰다 하니

열사(烈士)와 탐부(貪夫)의 인품은 하늘의 별과 땅의 연못이나

명예를 좋아하는 것이나 이익을 좋아하는 것으로는 다르지 않느

니라.

천자(天子)33)는 나라를 다스리고

거지는 아침저녁 끼니를 구걸하니

그 지위(地位)와 분수(分數)는 하늘과 땅 차이로되

"천자의" 노심초사(勞心焦思)34)와

"거지의" 노심초성(勞心焦聲)35)이 무엇이 다르겠는가?

---

31) 열사(烈士): 나라가 어려움을 당했을 때 절의를 지키며 목숨을 바쳐 나라를 위해
충성한 사람.
32) 천승(千乘): 전투에 사용하는 수레 천 대를 동원할 수 있는 나라. 곧 제후(諸侯)를
이름.
33) 천자(天子): 하늘을 대신하여 천하를 다스리는 사람.
34) 노심초사(勞心焦思): 몹시 마음을 쓰며 애를 태움.
35) 노심초성(勞心焦聲): 몹시 마음을 쓰며 애타게 소리침.

081.

飽諳世味 一任覆雨翻雲 總慵開眼
포 암 세 미 일 임 복 우 번 운 총 용 개 안

會盡人情 隨教呼牛喚馬 只是點頭
회 진 인 정 수 교 호 우 환 마 지 시 점 두

세상의 쓴맛 단맛을 맛보고 나면

비가 오거나 구름이 끼거나 맡기게 되니

모두 눈을 뜨기조차 게으르게 되느니라.

세상 인정을 모두 겪고 나면

소라 부르나 말이라 부르거나 가르치는 대로 따르게 되고

다만 이대로 고개를 끄덕일 뿐이니라.

082.

今人專求無念 而終不可無
금 인 전 구 무 념 이 종 불 가 무

只是前念不滯 後念不迎
지 시 전 념 불 체 후 념 불 영

但將現在的隨緣打發得去 自然漸漸入無
단 장 현 재 적 수 연 타 발 득 거 자 연 점 점 입 무

지금 사람들은 오로지 무념(無念)을 구하려 하나

마침내 무념(無念)은 불가(不可)한 것이니라.

다만 앞생각에 걸리지 않고

뒷생각을 맞아들이지 않아야 하니

다만 장차 현재의 인연(因緣)을 따라

타파(打破)해 가게 되면

자연히 점점 무념(無念)36)에 들게 되느니라.

083.

意所偶會便成佳境 物出天然纔見眞機
의 소 우 회 편 성 가 경　물 출 천 연 재 견 진 기

若加一分調停布置 趣味便減矣
약 가 일 분 조 정 포 치　취 미 편 감 의

白氏云 "意隨無事適 風逐自然淸" 有味哉
백 씨 운　의 수 무 사 적　풍 축 자 연 청　유 미 재

其言之也
기 언 지 야

뜻에 우연히 맞으면

문득 아름다운 경지(境地)를 이루게 되고

사물이 천연(天然)에서 나온 것이라야

비로소 참된 작용을 보이느니라.

만약 조금이라도 조정하여 배치해 놓으면

멋과 맛이 문득 줄어드느니라.

백낙천(白樂天)37)이 이르기를

"뜻은 일이 없을 때를 따라야 알맞고

바람이 불면 자연히 맑아진다."고 하였으니

의미(意味)가 있도다.

그 말씀이여!

---

36) 무념(無念): 무아(無我)의 경지(境地)에 이르러 사심(私心)이나 망념(妄念)이 없음.

37) 백낙천(白樂天): 백거이(白居易). 당(唐) 화주(華州) 하규(下邽) 사람. 자(字)는 낙천(樂天). 자(字)는 "사람의 이름을 소중히 여겨" 본 이름 외에 부르기 위하여 짓는 이름. 흔히 장가든 뒤에 본 이름 대신으로 부름. 호(號)는 향산거사(香山居士). 시문(詩文)에 뛰어남.

084.

性天澄徹 卽饑餐渴飮 無非康濟身心
성 천 징 철　즉 기 찬 갈 음　무 비 강 제 신 심

心地沈迷 縱談禪演偈 總是播弄精魂
심 지 침 미　종 담 선 연 게　총 시 파 롱 정 혼

성품이 하늘처럼 맑으면

곧 배고프면 밥 먹고 목마르면 마시는 대로

몸과 마음이 편치 않은 것이 없고

마음 바탕이 어두우면

줄곧 선(禪)을 담론(談論)하고

게송(偈頌)을 연설(演說)하더라도

모두 이는 정신과 혼을 희롱하는 것이니라.

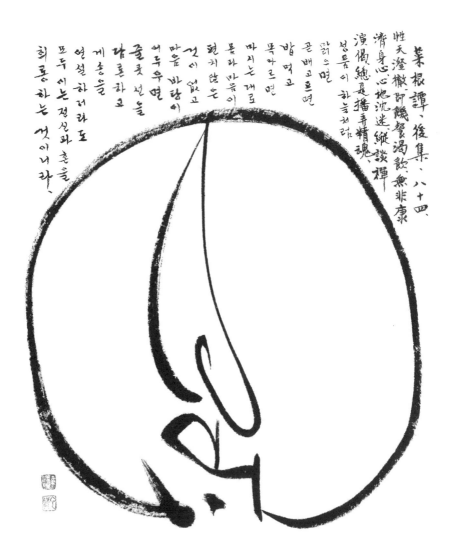

菜根譚、後集、八十四、

性天澄徹、即饑餐渴飮、無非康

濟身心、心地沈迷、縱談禪

演偈總是播弄精魂、

성품이 하늘처럼

맑으면

곧 배고프면

밥 먹고

목마르면

마시는 것으로

편치 않은

것이 없고

마음 바탕이

어두우면

굴곳 선을

담론하고

게송을

연설하더라도

모두 이는 정신과 혼을

희롱하는 것이니라、

085.

人心有個眞境 非絲非竹而自恬愉
인 심 유 개 진 경　비 사 비 죽 이 자 염 유

不烟不茗而自淸芬
불 연 불 명 이 자 청 분

須念淨境空　慮忘形釋　纔得以游衍其中
수 념 정 경 공　여 망 형 석　재 득 이 유 연 기 중

　　사람의 마음에는 나름의 참된 경지가 있어서

　　거문고와 피리가 아니더라도 스스로 즐기며

　　향이나 차가 아니더라도 스스로 맑고 향기로우니라.

　　모름지기 생각을 깨끗이 하고 경계를 비워야 하니

　　생각을 잊고 형체를 벗어 놓아야

　　겨우 이로써 그런 경지 속에 노닐게 되느니라.

086.

金自鑛出　玉從石生　非幻無以求眞
금 자 광 출　옥 종 석 생　비 환 무 이 구 진

道得酒中　仙遇花裡　雖雅不能離俗
도 득 주 중　선 우 화 리　수 아 불 능 이 속

금(金)은 광석(鑛石)에서 나고

옥(玉)은 돌에서 나오나니

변환(變幻)38)이 아니라면

이로써 참도 구할 수 없느니라.

도(道)를 술 속에서 얻으려 하거나

신선(神仙)을 꽃 속에서 만나려 하면

비록 고상하기는 하나

능히 속기(俗氣)를 벗어나지 못하느니라.

---

38) 변환(變幻): 자연(自然)의 변화(變化).

天地中萬物 人倫中萬情 世界中萬事
천 지 중 만 물　인 륜 중 만 정　세 계 중 만 사

以俗眼觀 紛紛各異
이 속 안 관　분 분 각 이

以道眼觀 種種是常
이 도 안 관　종 종 시 상

何煩分別?
하 번 분 별

何用取捨?
하 용 취 사

하늘과 땅의 만물(萬物)과

사람의 윤리(倫理) 속에 있는 온갖 정(情)과

세계(世界) 속의 온갖 사건(事件)은

속된 눈으로 보게 되면

어지럽게 얽혀 다르다 하겠지만

도인(道人)의 안목(眼目)으로 관(觀)하면

온갖 것이 이대로 심상(尋常)[39]한 것인데

어찌 번거롭게 분별(分別)하고

어찌 취하고 버릴 것이 있겠는가?

---

39) 심상(尋常): 늘 겪는 평범함.

088.

神酣布被窩中 得天地冲和之氣
신 감 포 피 와 중　득 천 지 충 화 지 기

味足藜羹飯後 識人生澹泊之眞
미 족 여 갱 반 후　식 인 생 담 박 지 진

정신이 넉넉하면

베 이불을 덮고 자는 집 속에서

천지(天地)의 조화(造化)40)로운 기운을 얻게 되고

맛에 족할 줄 알면

명아주 국에 밥을 먹은 뒤에

인생의 담백한 참 맛을 알게 되느니라.

---

40) 조화(造化): 천지(天地) 자연(自然)의 이치로 만물을 만들고 기름.

菜根譚、後集、八十八、

神酣布被窩中、得天地冲和之氣、味足藜羹飯後。

識人生澹泊之真。

정신이 넉넉하면 베이불을 덮고자는 집 속에서

천기의 조화로운 기운을 얻게 되고

맛에 족할 줄 알면

명아주 국에 밥을 먹은 뒤에

인생의 담백한 참맛을 알게 되느니라.

089.

纏脫只在自心 心了則屠肆糟塵 居然淨土
전 탈 지 재 자 심　심 료 즉 도 사 조 전　거 연 정 토

不然 縱一琴一鶴 一花一卉 嗜好雖淸 魔障終在
불 연　종 일 금 일 학　일 화 일 훼　기 호 수 청　마 장 종 재

語云 "能休塵境爲眞境 未了僧家是俗家" 信夫!
어 운　능 휴 진 경 위 진 경　미 료 승 가 시 속 가　　신 부

얽매임과 벗어남이란 다만 스스로의 마음에 있는 것이니

마음을 깨달으면 곧 푸줏간이나 술집일지라도

사는 그대로가 극락정토(極樂淨土)[41]요.

그렇지 못하면

거문고를 타며 학과 어울리고

꽃과 풀을 심고 가꾸며

즐기고 좋아하여 비록 맑아졌다 하더라도

마장(魔障)이 마침내 있느니라.

옛 어록(語錄)에 이르기를

"능히 쉬면 세속(世俗) 경계도 참 경계가 되고

깨닫지 못하면 절집도 이대로 속가(俗家)가 되느니라."고 하였으니

진실로 믿을 만하도다!

---

41) 극락정토(極樂淨土): 아미타불이 살고 있는 정토. 염불을 한 사람은 죽어서 이곳에
　　왕생(往生)하여 불과(佛果)를 얻는다고 함.

090.

斗室中萬慮都捐 說甚畫棟飛雲 珠簾捲雨
두 실 중 만 려 도 연　설 심 화 동 비 운　주 렴 권 우

三杯後一眞自得 唯知素琴橫月 短笛吟風
삼 배 후 일 진 자 득　유 지 소 금 횡 월　단 적 음 풍

좁은 방이라도

온갖 생각을 모두 덜어내면

굳이 "단청한 기둥에 구름 날고 주렴을 걷으니 비 오네."를

말 할 필요가 있겠는가?

석 잔 술 마신 뒤에

하나의 참맛을 스스로 얻게 되면

오직 소박한 거문고를 달 아래 비껴 타고

짧은 피리로 풍류를 읊는 멋을 알게 되느니라.

091.

萬籟寂廖中 忽聞一鳥弄聲 便喚起許多幽趣
만 뢰 적 료 중　홀 문 일 조 농 성　편 환 기 허 다 유 취

萬卉摧剝後 忽見一枝擢秀 便觸動無限生機
만 훼 최 박 후　홀 견 일 지 탁 수　편 촉 동 무 한 생 기

可見性天未嘗枯槁 機神最宜觸發
가 견 성 천 미 상 고 고　기 신 최 의 촉 발

온갖 소리가 고요한 가운데

홀연히 한 마리 새가 지저귀는 소리를 들으면

문득 허다(許多)하게 그윽한 정취를 불러일으키게 되고

모든 풀이 시든 뒤에

홀연히 한 가지 빼어난 꽃을 보게 되면

문득 무한한 삶의 작용을 촉발하고 움직이게 하나니

가히 보리라.

하늘의 성품은 일찍이 마르게 하지 않았나니

작용의 신비란 가장 알맞게 부딪히는 대로 발현하느니라.

092.

白氏云 "不如放身心 冥然任天造"
<small>백 씨 운　불 여 방 신 심　명 연 임 천 조</small>

晁氏云 "不如收身心 凝然歸寂定"
<small>조 씨 운　불 여 수 신 심　응 연 귀 적 정</small>

放者流爲猖狂 收者入於枯寂
<small>방 자 유 위 창 광　수 자 입 어 고 적</small>

唯善操身心的 把柄在手 收放自如
<small>유 선 조 신 심 적　파 병 재 수　수 방 자 여</small>

　　백낙천이 이르기를

　"몸과 마음을 놓아서 조용히 하늘의 조화에 맡기는 것만 같지
못하다."라 하였고

　　조씨(晁氏)42)는 이르기를

　"몸과 마음을 가다듬고 단정히 하여 고요한 선정(禪定)으로 돌아
가는 것만 같지 못하다."고 하였으니

　　놓아 버리면 제멋대로 흘러 미치광이처럼 날 뛸 것이요.

　　거두어들이면 메마른 적막(寂寞)으로 들어가느니라.

　　오직 몸과 마음을 잘 다루라는 것은

　　자루를 손에 쥐고서

　　거두고 놓는 것을 자기의 뜻대로 하라는 것이니라.

---

42) 조씨(晁氏): 송(宋)나라 조설지(晁說之). 소식(蘇軾) 곧 소동파(蘇東坡)에 의해 추천
　되었다. 조야(朝野)의 견문(見聞)과 원우(元祐) 연간에 활동한 명사(名士)들의 일화
　(逸話)를 수록(收錄)하였다.

093.

當雪夜月天 心境便爾澄徹
당 설 야 월 천 심 경 편 이 징 철

遇春風和氣 意界亦自冲融
우 춘 풍 화 기 의 계 역 자 충 융

造化 人心 混合無間
조 화 인 심 혼 합 무 간

눈 오는 밤, 달이 하늘에 떠 있을 때
마음의 경계가 문득 맑아지고
봄바람의 온화한 기운을 만났을 때
의식(意識)의 경계가 또한 절로 부드럽게 융화되나니
조화와
사람의 마음이
한데 어울려 틈이 없는 것이니라.

094.

文以拙進 道以拙成 一拙字有無限意味
문 이 졸 진 도 이 졸 성 일 졸 자 유 무 한 의 미

如桃源犬吠 桑間鷄鳴 何等淳龐?
여 도 원 견 폐 상 간 계 명 하 등 순 방

至於寒潭之月 古木之鴉
지 어 한 담 지 월 고 목 지 아

工巧中便覺有衰颯氣象矣
공 교 중 편 각 유 쇄 삽 기 상 의

문장은 서툰 데서 나아지고
도는 서툰 데서 이루어진다 하였으니

하나의 "서툴다"는 졸(拙) 자에

무한한 의미가 있는 것이니라.

마치 "복사꽃 핀 마을에서 개가 짖고 뽕나무 위에서 닭이 운다."

고 하면

순박함을 어디에 비기겠는가?

"찬 연못에 달이 뜨고 고목나무에 까마귀 운다."라 하면

교묘하기는 하나 문득 쓸쓸한 기상을 깨닫게 하느니라.

095.

以我轉物者 得固不喜 失亦不憂 大地盡屬逍遙
이 아 전 물 자　득 고 불 희　실 역 불 우　대 지 진 속 소 요

以物役我者 逆固生憎 順亦生愛 一毛便生纏縛
이 물 역 아 자　역 고 생 증　순 역 생 애　일 모 편 생 전 박

내 의지로 사물(事物)을 부리는 자는

얻었다 하여 굳이 기뻐하지 않고

잃었다 해도 또한 근심하지 않으니

대지를 모두 소요(逍遙)43)에 맡기느니라.

물질로 내가 부려지는 자는

역경(逆境)44)은 굳이 증오(憎惡)하고

순경(順境)45)을 또한 좋아하다보니

털끝만한 일에도 문득 얽매이게 되느니라.

---

43) 소요(逍遙): 유유자적(悠悠自適)하고 자유로움.

44) 역경(逆境): 일이 뜻대로 되지 않는 처지와 환경.

45) 순경(順境): 모둔 일이 순조로운 환경.

096.

理寂則事寂 遣事執理者 似去影留形
이 적 즉 사 적　견 사 집 리 자　사 거 영 유 형

心空則境空 去境存心者 如聚羶卻蚋
심 공 즉 경 공　거 경 존 심 자　여 취 전 각 예

이치가 고요하면 곧 상황도 고요해지나니

상황은 버리고 이치만 잡으려는 자는

흡사 그림자는 버리고 형체만 남기려는 것과 같으니라.

마음을 비우면 곧 경계도 비워지나니

경계는 버리고 마음만 남기려는 자는

마치 비린내 나는 고깃덩이를 놓고

쉬파리를 쫓으려는 것과 같으니라.

097.

幽人淸事總在自適 故酒以不勸爲歡
유 인 청 사 총 재 자 적　고 주 이 불 권 위 환

棋以不爭爲勝 笛以無腔爲適 琴以無絃爲高
기 이 부 쟁 위 승　적 이 무 강 위 적　금 이 무 현 위 고

會以不期約爲眞率 客以不迎送爲坦夷
회 이 불 기 약 위 진 솔　객 이 불 영 송 위 탄 이

若一牽文泥跡 便落塵世苦海矣!
약 일 견 문 니 적　편 락 진 세 고 해 의

그윽한 사람의 맑은 일이란

모두 스스로 알맞게 사는 것에 있나니

그러므로 술은 권하지 않는 것으로 기쁨을 삼고

바둑은 다투지 않는 것으로 수승하게 여기며

피리는 구멍이 없는 것으로 알맞게 여기고

거문고는 줄이 없는 것으로 고상하다 여기며

만남은 기약하지 않음으로써 진솔하게 여기고

손님은 환영이나 전송하지 않는 것으로 편히 여기나니

만약 한 번이라도 겉치레에 끌려 다니거나

형식에 얽매이다 보면

문득 티끌세상 고해(苦海)로 떨어지는 것이니라.

098.

試思未生之前有何象貌　又思旣死之後作何景色
시 사 미 생 지 전 유 하 상 모　　우 사 기 사 지 후 작 하 경 색

則萬念灰冷　一性寂然　自可超物外　遊象先
즉 만 념 회 냉　　일 성 적 연　　자 가 초 물 외　　유 상 선

시험 삼아 태어나기 전에는

어떠한 모습일까를 생각해 보고

또한 이미 죽은 다음에

어떤 모습으로 될까를 생각하게 되면

곧 온갖 생각은 재처럼 식어버리고

하나의 본성(本性)만이 고요하리니

스스로 물질 밖으로 초월하여

천지창조(天地創造) 이전(以前)에 노니는 것이니라.

099.

遇病而後思强之爲寶　處亂而後思平之爲福
우 병 이 후 사 강 지 위 보　처 란 이 후 사 평 지 위 복

非蚤智也
비 조 지 야

倖福而先知其爲禍之本　貪生而先知其爲死之因
행 복 이 선 지 기 위 화 지 본　탐 생 이 선 지 기 위 사 지 인

其卓見乎!
기 탁 견 호

병이 난 다음에

건강이 보배임을 생각했다 하고

어려움에 처해진 뒤에

평온이 복임을 생각했다 해도

빠른 지혜가 아니니라.

요행으로 생긴 복은

그것이 재앙의 근본이 되는 것임을 알아야 하고

탐욕스러운 삶은

그것이 죽음의 원인이 되는 것임을 알게 되면

그야말로 뛰어난 견해로다!

100.

優人傳粉調硃　效姸醜於毫端
우 인 전 분 조 주　효 연 추 어 호 단

俄而歌殘場罷　姸醜何存?
아 이 가 잔 장 파　연 추 하 존

奕者爭先競後 較雌雄於著子
혁 자 쟁 선 경 후　교 자 웅 어 착 자

俄而局盡子收 雌雄安在?
아 이 국 진 자 수　자 웅 안 재

　　배우(俳優)는 분바르고 연지 찍고서

　　곱고 추함을 붓끝으로 꾸미지만

　　이윽고 노래가 끝나고 막이 내리면

　　곱고 추함이 어찌 있겠는가?

　　바둑 두는 사람은 앞뒤를 다투며

　　자웅(雌雄)을 돌을 놓아 겨루지만

　　이윽고 판을 끝내고 돌을 거두면

　　자웅(雌雄)이 어찌 있겠는가?

101.

風花之瀟洒 雪月之空清 唯靜者爲之主
풍 화 지 소 쇄　설 월 지 공 청　유 정 자 위 지 주

水木之榮枯 竹石之消長 獨閑者操其權
수 목 지 영 고　죽 석 지 소 장　독 한 자 조 기 권

　　바람과 꽃의 산뜻한 맛과

　　눈처럼 시린 달빛의 비고 고요한 멋은

　　오직 고요한 자만이 주인이 될 수 있고

　　풀과 나무의 무성하고 시드는 모습과

　　대와 돌이 소멸하고 자라는 변화(變化)는

　　홀로 한가한 자만이 그 권리를 잡을 수 있느니라.

102.

田父野叟　語以黃鷄白酒則欣然喜
전 부 야 수　어 이 황 계 백 주 즉 혼 연 희

問以鼎養則不知
문 이 정 양 즉 부 지

語以縕袍短褐則油然樂　問以袞服則不識
어 이 온 포 단 갈 즉 유 연 락　문 이 곤 복 즉 불 식

其天全　故其欲淡　此是人生第一個境界
기 천 전　고 기 욕 담　차 시 인 생 제 일 개 경 계

농사꾼이나 시골 늙은이는

닭고기 안주에 막걸리를 이야기하면

곧 흐뭇하게 기뻐하지만

요리로 의향을 물어보면

곧 알지 못하느니라.

무명 두루마기와 삼베잠방이를 물어보면

곧 느긋하니 즐거워하나

관리의 예복을 물어보면

곧 알지 못하느니라.

그것은 천성이 온전한 것이라서

그러므로 그의 욕망도 담백한 것이니

여기 이것을 인생의 제일가는 경계라 하느니라.

103.

心無其心 何有於觀?
심 무 기 심 하 유 어 관

釋氏曰 "觀心"者 重增其障
석 씨 왈 관 심 자 중 증 기 장

物本一物 何待於齊?
물 본 일 물 하 대 어 제

莊生曰 "齊物"者 自剖其同
장 생 왈 제 물 자 자 부 기 동

마음은 그것을 마음이랄 수도 없는데

어찌 관(觀)할 수 있겠는가?

부처님께서 말씀하시기를

"마음을 관(觀)하라." 하셨으나

거듭 그 장애(障礙)만 더할 뿐이니라.

만물은 본래 한 물건인데

어찌 가지런하기를 기다릴 것인가?

장자가 이르기를

"만물은 가지런하다."고 하였으니

절로 그 동질(同質)을 쪼개 놓은 것이니라.

104.

笙歌正濃處 便自拂衣長往 羨達人撤手懸崖
생가정농처 편자불의장왕 선달인철수현애

更漏已殘時 猶然夜行不休 哂俗士沈身苦海
경루이잔시 유연야행불휴 소속사침신고해

피리와 노래가 정녕 무르익었을 때

문득 스스로 옷깃을 털고 멀리하면

달인(達人)이 절벽 위를 손을 휘젓고 가는 것 같아서 부러우니라.

물시계가 이미 다했을 때

오히려 밤길을 쉬지 않고 어슬렁거리면

속된 선비가 몸이 고해(苦海)에 빠진 것 같아서 웃음거리니라.

105.

把握未定 宜絶迹塵囂
파 악 미 정 의 절 적 진 효

使此心不見可欲而不亂 以澄吾靜體
사 차 심 불 견 가 욕 이 불 란 이 징 오 정 체

操持旣堅 又當混跡風塵
조 지 기 견 우 당 혼 적 풍 진

使此心見可欲而亦不亂 以養吾圓氣
사 차 심 견 가 욕 이 역 불 란 이 양 오 원 기

마음을 다잡으려 해도 아직 안정이 되지 않거든

마땅히 시끄러운 속세의 자취를 끊어서

이 마음으로 하여금 욕심낼만한 것은 보지 못하게 하고

어지럽히지 않아야 하니

이로써 나의 고요한 본체(本體)를 맑혀야 하느니라.

이미 견고하게 잡혔거든

또한 마땅히 자취를 풍진(風塵)46) 속에 섞어서

이 마음으로 하여금

욕심낼만한 것을 보아도 또한 어지러워지지 않게 해야 하니

이로써 나의 원만(圓滿)한 기(氣)를 기르는 것이니라.

---

46) 풍진(風塵): 비바람에 날리는 티끌.

106.

喜寂厭喧者 往往避人以求靜
희 적 염 훤 자　왕 왕 피 인 이 구 정

不知意在無人 便成我相
부 지 의 재 무 인　편 성 아 상

心着於靜 便是動根
심 착 어 정　편 시 동 근

如何到得人我一視 動靜兩忘的境界?
여 하 도 득 인 아 일 시　동 정 양 망 적 경 계

> 고요를 기뻐하고 시끄러움을 싫어하는 자는
>
> 흔히 사람들을 피하여 이로써 고요를 구하려고 하나
>
> 의식(意識)이란, 사람이 없는 곳에 있다 보면
>
> 문득 아상(我相)47)을 이루게 됨을 알지 못하느니라.
>
> 마음이 고요를 집착하게 되면
>
> 문득 이것이 뿌리를 움직이게 하나니
>
> 어찌 너와 나를 하나로 보고
>
> 동정(動靜)을 둘 다 잊는 경계를 얻을 수 있겠는가?

---

47) 아상(我相): 불교의 사상(四相)의 하나. 아상(我相), 인상(人相), 중생상(衆生相), 수
자상(壽者相). 자기의 학문, 재산, 문벌, 지위 등을 자랑하여 남을 업신여기는 모습.

107.

山居胸次淸洒 觸物皆有佳思
산 거 흉 차 청 쇄　촉 물 개 유 가 사

見孤雲野鶴而起超絶之想
견 고 운 야 학 이 기 초 절 지 상

遇石澗流泉而動澡雪之思
우 석 간 유 천 이 동 조 설 지 사

撫老檜寒梅而勁節挺立 侶沙鷗麋鹿而機心頓忘
무 노 회 한 매 이 경 절 정 립　여 사 구 미 록 이 기 심 돈 망

若一走入塵寰 無論物不相關 卽此身亦屬贅旒矣
약 일 주 입 진 환　무 론 물 불 상 관　즉 차 신 역 속 췌 류 의

산에 살면

가슴이 점차 맑게 씻기어

부딪히는 물건마다 모두 아름다운 생각을 하게 하느니라.

외로운 구름이나 들녘의 학(鶴)을 보면

속세를 초월(超越)하고픈 생각이 일어나고

돌 틈에 흐르는 샘물을 만나면

씻고 싶은 생각을 하게 되느니라.

늙은 전나무와 찬 매화를 어루만지다 보면

굳은 절개를 우뚝 세우고 싶고

갈매기와 사슴의 짝이 되면

기틀에 작용하던 마음을 송두리째 잊게 하느니라.

만약 한 번이라도 발을 속세에 들여 놓으면

물론 물질에는 상관하지 않는다 해도

곧 이 몸이 또한 쓸모없는 물건이 될 수 있느니라.

108.

興逐時來 芳草中撤履閑行 野鳥忘機時作伴
흥 축 시 래　방 초 중 철 리 한 행　야 조 망 기 시 작 반

景與心會 落花下披襟兀坐 白雲無語漫相留
경 여 심 회　낙 화 하 피 금 올 좌　백 운 무 어 만 상 류

흥(興)은 때를 쫓아서 오는 것이니

싱그러운 풀밭에

맨발로 한가히 걸었더니

들새가

기틀인 "본성(本性)"을 잊고 때에 짝이 되어주고

경치는 마음과 어우러져야 하니

떨어지는 꽃 아래

옷깃을 풀어헤치고 우두커니 앉았더니

흰 구름이

말없이 휘감으며 서로 머물렀느니라.

109.

人生福境禍區皆念想造成
인 생 복 경 화 구 개 념 상 조 성

故釋氏云 "利欲熾然卽是火坑 貪愛沈溺便爲苦海
고 석 씨 운　이 욕 치 연 즉 시 화 갱　탐 애 침 익 편 위 고 해

一念淸淨烈焰成池 一念警覺船登彼岸"
일 념 청 정 열 염 성 지　일 념 경 각 선 등 피 안

念頭稍異 境界頓殊 可不愼哉!
염 두 초 이　경 계 돈 수　가 불 신 재

인생의 복과 재앙은

모두가 생각이 만들어 내는 것이니

그러므로 부처님께서 이르기를

"이해와 욕망이 타오르면

곧 이대로 불구덩이요.

탐욕과 애착에 빠지다 보면

문득 고해(苦海)48)니라.

한 생각 청정하면

타오르던 불길도 연못이 되고

한 생각 깨달으면

배가 피안(彼岸)49)에 오르느니라."고 하셨다.

생각이 조금만 달라져도

경계가 단박 달라진다 하니

신중하지 않을 수 있겠는가!

---

48) 고해(苦海): 괴로움의 바다. 괴로운 세상을 이름.

49) 피안(彼岸): 저편 강기슭. 생사(生死)의 경계인 차안(此岸)의 상대어로 번뇌(煩惱)
를 해탈(解脫)한 열반(涅槃)의 경계(境界).

110.

繩鋸木斷 水滴石穿 學道者須加力索
승 거 목 단　수 적 석 천　학 도 자 수 가 역 색

水到渠成 瓜熟蒂落 得道者一任天機
수 도 거 성　과 숙 체 락　득 도 자 일 임 천 기

새끼줄 톱이 나무를 자르고

물방울이 돌을 뚫으니

도를 배우는 자는

모름지기 힘써 찾아야 하느니라.

물이 모이면 도랑을 이루고

참외가 익으면 꼭지가 떨어지나니

도를 얻으려는 자는

한결같이 하늘의 작용에 맡겨야 하느니라.

111.

機息時便有月到風來 不必苦海人世
기 식 시 편 유 월 도 풍 래　불 필 고 해 인 세

心遠處自無車塵馬迹 何須痼疾丘山?
심 원 처 자 무 거 진 마 적　하 수 고 질 구 산

온갖 기틀에서 쉴 때

문득 달 뜨고 바람 부는 것을 느낄 수 있으니

인간 세상이 반드시 고해(苦海)가 아니니라.

마음이 멀어진 곳에

절로 수레 자국과 말의 자취도 없게 되나니

어찌 꼭 자연을 고집할 필요가 있겠는가?

112.

草木纔零落　便露萌穎於根底
초 목 재 영 락　편 로 맹 영 어 근 저

時序雖凝寒　終回陽氣於飛灰
시 서 수 응 한　종 회 양 기 어 비 회

肅殺之中　生生之意常爲之主
숙 살 지 중　생 생 지 의 상 위 지 주

卽是可以見天地之心
즉 시 가 이 견 천 지 지 심

초목이 겨우 시들어 떨어지게 되면

문득 뿌리에 싹을 틔워 놓으니

계절이 비록 얼어붙어 춥다고 하나

마침내 양기(陽氣)가 비회(飛灰)50)하는 봄이 오느니라.

만물을 죽이는 기운이 있는 가운데

낳고 자라게 하는 뜻을 항상 주재하고 있으니

곧 이는 이로써 하늘과 땅의 마음을 보는 것이니라.

---

50) 비회(飛灰): 대나무 통에 재를 담아두어 양기(陽氣)가 움직이는 때, 곧 동지(冬至)
　　가 되면 재가 절로 날아오르게 만든 기구.

113.

雨餘觀山色 景象便覺新妍
우 여 관 산 색 　경 상 편 각 신 연

夜靜聽鐘聲 音響尤爲淸越
야 정 청 종 성 　음 향 우 위 청 월

　비 멎은 뒤에

　산 빛을 보노라면

　경치가 문득 새롭게 아름다워졌음을 깨닫게 되고

　밤이 고요할 때에

　종소리를 들으면

　소리와 울림이 더욱 맑게 메아리치느니라.

114.

登高使人心曠 臨流使人意遠
등 고 사 인 심 광 　임 류 사 인 의 원

讀書於雨雪之夜 使人神淸
독 서 어 우 설 지 야 　사 인 신 청

舒嘯於丘阜之巓 使人興邁
서 소 어 구 부 지 전 　사 인 흥 매

　산의 높은 곳에 오르면

　사람으로 하여금 마음을 넓게 하고

　강이 흘러가는 곳에 임하면

　사람으로 하여금 뜻을 원대하게 하며

　비나 눈이 오는 밤에 책을 읽으면

　사람으로 하여금 정신을 맑게 하고

언덕 위에 올라 휘파람을 불면

사람으로 하여금 흥(興)을 고매(高邁)[51]하게 하느니라.

115.

心曠則萬鍾如瓦缶
심 광 즉 만 종 여 와 부

心隘則一髮似車輪
심 애 즉 일 발 사 거 륜

마음이 넓으면

곧 만종(萬鍾)[52]을

마치 질항아리처럼 여기고

마음이 좁으면

곧 한 올의 터럭이라도

흡사 수레바퀴와 같으니라.

---

51) 고매(高邁): 고상하고 우아함.

52) 만종(萬鍾): 매우 많은 봉록(俸祿). 일종(一鍾)이 64두(斗)로 만종은 640,000두(斗).

116.

無風月花柳不成造化　無情欲嗜好不成心體
무 풍 월 화 류 불 성 조 화　무 정 욕 기 호 불 성 심 체

只以我轉物　不以物役我　則嗜慾莫非天機
지 이 아 전 물　불 이 물 역 아　즉 기 욕 막 비 천 기

塵情卽是理境矣
진 정 즉 시 이 경 의

바람과 달, 꽃과 버들이 없다면

조화(造化)를 이루지 못하고

정욕(情欲)이나 기호(嗜好)가 없다면

마음의 바탕을 이루지 못하는 것이니

다만 내 의지로 물질을 굴려야 하고

물질로 나를 부리지 못하게 하면

곧 기호(嗜好)나 욕망도

하늘의 작용이 아닌 것이 없으니

속진(俗塵)의 정(情)도 곧 이대로 진리의 경계(境界)가 되느니라.

117.

就一身了一身者　方能以萬物付萬物
취 일 신 요 일 신 자　방 능 이 만 물 부 만 물

還天下於天下者　方能出世間於世間
환 천 하 어 천 하 자　방 능 출 세 간 어 세 간

이 한 몸 나아가서

이 한 몸 깨달은 자는

바야흐로 능히 만물로써 만물에 맡긴 것이요.

천하를 천하가 돌아가는 대로 맡기는 자는

바야흐로 능히 세간에서 세간을 벗어난 것이니라.

118.

人生太閑 則別念竊生
인 생 태 한 　 즉 별 념 절 생

太忙 則眞性不現
태 망 　 즉 진 성 불 현

故士君子 不可不抱身心之憂
고 사 군 자 　 불 가 불 포 신 심 지 우

亦不可不耽風月之趣
역 불 가 불 탐 풍 월 지 취

사람의 삶이 지나치게 한가하다 보면

곧 다른 생각이 슬그머니 생기고

지나치게 바쁘다 보면

곧 참된 성품이 나타나지 않느니라.

그러므로 사군자(士君子)는

몸과 마음으로 근심을 끌어안지 않으면 아니 되고

또한 풍월(風月)의 멋을 즐기지 않으면 아니 되느니라.

119.

人心多從動處失眞 若一念不生 澄然靜坐,
인 심 다 종 동 처 실 진   약 일 념 불 생   징 연 정 좌

雲興而悠然共逝 雨滴而冷然俱淸
운 흥 이 유 연 공 서   우 적 이 냉 연 구 청

鳥啼而欣然有會 花落而瀟然自得
조 제 이 흔 연 유 회   화 락 이 소 연 자 득

何地非眞境? 何物無眞機?
하 지 비 진 경   하 물 무 진 기

      사람 마음이 몹시 움직이는 곳을 쫓는 것은

      참다움을 잃게 되나니

      만약 한 생각도 내지 않은 채 맑고 고요히 앉아서

      구름이 일면 느긋하니 함께 흘러가고

      빗방울은 찬대로 함께 맑히고

      새가 울면 흐뭇하게 듣고

      꽃이 떨어지면 오싹함을 스스로 느껴야 하니

      어느 곳인들 참된 경계가 아니며

      어느 물건인들 참된 작용이 없겠는가?

120.

子生而母危 鏹積而盜窺 何喜非憂也?
자 생 이 모 위   강 적 이 도 규   하 희 비 우 야

貧可以節用 病可以保身 何憂非喜也?
빈 가 이 절 용   병 가 이 보 신   하 우 비 희 야

故達人當順逆一視 而欣戚兩忘
고 달 인 당 순 역 일 시   이 흔 척 양 망

자식이 태어날 때 어미가 위태롭고

돈이 쌓이면 도둑이 엿보게 되니

어떤 기쁨인들 근심이 아니겠는가?

가난하면 이로써 절약하게 되고

병이 나면 이로써 몸을 보호하게 되니

어떤 근심인들 기쁨이 아니겠는가?

그러므로 통달한 사람은

순경(順境)이나 역경(逆境)을 당해도 하나로 보아

기쁨과 서글픔을 둘 다 잊느니라.

121.

耳根似颷谷投響　過而不留　則是非俱謝
이 근 사 표 곡 투 향　과 이 불 류　즉 시 비 구 사

心境如月池浸色　空而不著　則物我兩忘
심 경 여 월 지 침 색　공 이 불 착　즉 물 아 양 망

귀는 회오리바람이

골짜기에 메아리치는 것과 같이 하여

지나가는 대로 남겨두지 않으면

곧 시비(是非)도 함께 사라지느니라.

마음을 마치 달이 연못을 침범한 것과 같이 하여

비우고 집착하지 않으면

곧 사물과 나, 모두 잊게 되느니라.

122.

世人爲榮利纏縛 動曰 "塵世苦海"
세 인 위 영 리 전 박 동 왈　진 세 고 해

不知雲白山靑 川行石立 花迎鳥笑 谷答樵謳
부 지 운 백 산 청 천 행 석 립 화 영 조 소 곡 답 초 구

世亦不塵 海亦不苦 彼自塵苦其心爾
세 역 부 진 해 역 불 고 피 자 진 고 기 심 이

세상 사람들은 영화(榮華)와 명리에 얽매여서

걸핏하면 말하기를

"진세(塵世)53)"니 "고해(苦海)54)"라고 하는데

구름이 희고 산은 푸르며

시냇물은 졸졸, 바위는 우뚝,

꽃이 맞아주고 새가 노래하며

골짜기가 나무꾼의 노래에 화답(和答)하는 것을 알지 못하느니라.

세상은 또한 진세(塵世)가 아니요.

바다가 또한 고해(苦海)가 아니건만

저들 스스로

그것을 마음대로 진세(塵世)니 고해(苦海)라 하느니라.

---

53) 진세(塵世): 이 세상, 속세(俗世)를 이름.

54) 고해(苦海): 이 세상을 괴로움의 바다, 곧 괴로운 세계(世界)라 이름.

123.

花看半開 酒飲微醉 此中大有佳趣
화 간 반 개 　 주 음 미 취 　 차 중 대 유 가 취

若至爛熳酕醄 便成惡境矣
약 지 난 만 모 도 　 편 성 악 경 의

履盈滿者 宜思之
이 영 만 자 　 의 사 지

꽃은 반쯤 피었을 때 보고

술은 적당히 취하게 마시면

이 가운데 몹시 아름다운 취지(趣旨)[55]가 있느니라.

만약 흐드러지게 피거나 곤드레만드레에 이르게 되면

문득 추한 경계를 이루나니

가득 채우려는 자는

마땅히 생각해야 하느니라.

---

55) 취지(趣旨): 어떤 일의 근본이 되는 목적이나 긴요한 뜻.

124.

山肴不受世間灌漑 野禽不受世間豢養
산 효 불 수 세 간 관 개　야 금 불 수 세 간 환 양

其味皆香而且冽
기 미 개 향 이 차 열

吾人能不爲世法所點染 其臭味不逈然別乎?
오 인 능 불 위 세 법 소 점 염　기 취 미 불 형 연 별 호

산나물은 사람이 가꾸지 않고

들새는 사람이 길러주지 않아도

그 맛은 모두 향기롭고 또한 상큼하나니

우리들도 능히 세상의 법에 물들지 않아야

그 우러나오는 맛이 뛰어나고 특별해지지 않겠는가?

125.

栽花種竹 玩鶴觀魚 又要有段自得處
재 화 종 죽　완 학 관 어　우 요 유 단 자 득 처

若徒留連光景 玩弄物華 亦吾儒之口耳
약 도 유 연 광 경　완 농 물 화　역 오 유 지 구 이

釋氏之頑空而已 有何佳趣?
석 씨 지 완 공 이 이　유 하 가 취

꽃을 가꾸고 대를 심으며

학을 완상(玩賞)하고 물고기를 관상(觀賞)하더라도

또한 단계(段階)마다 스스로 얻는 것이 있어야 하니

만약 적당히 경치에 끌려 다니며

사물의 화려함을 완상하고 희롱하다 보면

또한 우리 유가(儒家)에서 말하는

입이나 귀에 달린 학문(學問)이라 하고

불가(佛家)에서 경계하는

완고(頑固)한 공(空)일 뿐이니

어찌 아름다운 취지(趣旨)가 있겠는가?

126.

山林之士 淸苦而逸趣自饒
산 림 지 사   청 고 이 일 취 자 요

農野之夫 鄙略而天眞渾具
농 야 지 부   비 략 이 천 진 혼 구

若一失身市井駔儈 不若轉死溝壑 神骨猶淸
약 일 실 신 시 정 장 쾌   불 약 전 사 구 학   신 골 유 청

산림(山林) 속의 선비는

맑은 괴로움과 고상한 취미를 스스로 풍요로 여기고

들에서 농사짓는 농부는

거칠지만 천진(天眞)56)함을 간직하고 있으니

만약 한 번이라도

몸을 시장의 장사꾼처럼 굴다가 "본성을" 잃게 되면

죽을 때까지 산골짜기에 묻혀서

정신과 뼈를 오히려 맑게 하는 것만 같지 못하느니라.

---

56) 천진(天眞): 꾸밈이나 거짓이 없이 순수한 자연(自然)그대로의 참됨.

127.

非分之福 無故之獲 非造物之釣餌 卽人世之機阱
비 분 지 복　무 고 지 획　비 조 물 지 조 이　즉 인 세 지 기 정

此處著眼不高 鮮不墮彼術中矣
차 처 착 안 불 고　선 불 타 피 술 중 의

분수에 맞지 않는 복(福)이나

까닭 없이 얻어진 것은

조물주(造物主)57)의 낚시 미끼가 아니라면

곧 인간 세상의 함정일 것이니

이런 곳에서

눈을 높이 치켜뜨지 않으면

저런 "세상의 함정인" 술책 속에 떨어지지 않는 이가 드무니라.

---

57) 조물주(造物主): 우주 만물을 만들고 다스리는 신(神).

128.

人生原是一傀儡 只要根蒂在手

인 생 원 시 일 괴 뢰　지 요 근 체 재 수

一線不亂 卷舒自由 行止在我

일 선 불 란　권 서 자 유　행 지 재 아

一毫不受他人提掇 便超出此場中矣

일 호 불 수 타 인 제 철　편 초 출 차 장 중 의

인생이란 원래 한바탕의 꼭두각시놀음이니

다만 뿌리와 꼭지를 손에 제대로 쥐고 있어야 하느니라.

한 가닥의 실도 헝클어지지 않게 하여

감고 풀어내는 것이 자유자재(自由自在)해야 하고

가고 멈춤이 내게 있어서

털끝만큼도 남의 간섭을 받지 않아야

문득 이 꼭두각시 무대를 벗어나는 것이니라.

129.

一事起則一害生　故天下常以無事爲福
일 사 기 즉 일 해 생　고 천 하 상 이 무 사 위 복

讀前人詩云 "勸君莫話封侯事　一將功成萬骨枯"
독 전 인 시 운　권 군 막 화 봉 후 사　일 장 공 성 만 골 고

又云 "天下常令萬事平　匣中不惜千年死"
우 운　천 하 상 영 만 사 평　갑 중 불 석 천 년 사

雖有雄心猛氣　不覺化爲氷霰矣
수 유 웅 심 맹 기　불 각 화 위 빙 산 의

한 가지 일이 일어나면

곧 한 가지 해로움도 생기나니

그러므로 천하는 항상 무사(無事)58)로서 복(福)을 삼느니라.

옛 사람의 시(詩)에 이르기를

"그대에게 권하니 제후(諸侯)에 봉해진 것을 뽐내지 말라.

한 장수가 공을 세우려면 만 명의 뼈가 마르느니라."고 하였고

또 이르기를

"천하에 항상 만사가 태평할 수 있다면

칼집 속의 칼이 천 년을 썩는다 해도 아깝지 않다."고 하였으니

비록 영웅심(英雄心)이나 용맹한 기상이 있다 하더라도

아무도 모르게 얼음과 싸라기눈처럼 사라지게 되느니라.

---

58) 무사(無事): 쓸데없는 일에 신경 쓰는 것이 없음. 불교에서 진리를 깨달아서 더는
할 일이 없는 상태를 이름.

130.

淫奔之婦 矯而爲尼
음 분 지 부　교 이 위 니

熱中之人 激而入道
열 중 지 인　격 이 입 도

淸淨之門 常爲姪邪淵藪也如此
청 정 지 문　상 위 음 사 연 수 야 여 차

음탕하던 여자가

교화(敎化)되어 비구니(比丘尼)가 되고

극열(極熱)한 사람이

격(激)하게 굴다가 도(道)에 들기도 하나니

청정(淸淨)한 문이란

항상 음탕하고 사악했던 이들도 보듬어 주고

모이게59) 하는 것이 이와 같으니라.

---

59) 연수(淵藪): 연(淵)은 물고기, 수(藪)는 짐승이 모이는 곳.

131.

波浪兼天 舟中不知懼 而舟外者寒心
파 낭 겸 천　주 중 부 지 구　이 주 외 자 한 심

猖狂罵坐 席上不知警 而席外者咋舌
창 광 매 좌　석 상 부 지 경　이 석 외 자 사 설

故君子 身雖在事中 心要超事外也
고 군 자　신 수 재 사 중　심 요 초 사 외 야

파도가 하늘에 닿을 듯 출렁거리면

배에 탄 사람은 두려움을 알지 못하나

배 밖의 사람들은 오한(惡寒)을 느낀다 하고

미치광이가 좌중을 매도(罵倒)하면

자리에서는 경계(警戒)할지를 알지 못하나

자리 밖에서는 혀를 "쯧쯧" 차나니

그러므로 군자는

몸이 비록 일 가운데 있어도

마음은 일 밖으로 초월(超越)해야 하느니라.

132.

人生減省一分 便超脫一分
인 생 감 성 일 분　편 초 탈 일 분

如交遊減 便免紛擾
여 교 유 감　편 면 분 요

言語減 便寡愆尤
언 어 감　편 과 건 우

思慮減 則精神不耗
사 려 감　즉 정 신 불 모

聰明減 則混沌可完
총 명 감   즉 혼 돈 가 완

彼不求日減而求日增者 眞桎梏此生哉!
피 불 구 일 감 이 구 일 증 자   진 질 곡 차 생 재

사람의 삶은 한 푼을 살펴서 덜어내면

문득 한 푼을 초월하고 벗어나는 것이요.

교류(交流)를 덜어내면

문득 시끄러움을 면하게 되고

말을 덜면

문득 허물이 적어지며

생각을 덜면

곧 정신이 소모(消耗)되지 않고

총명(聰明)함을 덜어내면

곧 혼돈(混沌)에서 완전하게 되나니

저와 같이 날마다 덜어내지 못하고

날마다 더하려는 자는

진정 이 인생(人生)이 질곡(桎梏)60)이 되느니라.

---

60) 질곡(桎梏): 수갑이 채워져 운신이 자유롭지 못한 것.

133.

天運之寒暑易避 人世之炎涼難除
천운지한서이피　인세지염량난제

人世之炎涼易除 吾心之氷炭難去
인세지염량이제　오심지빙탄난거

去得此中之氷炭 則滿腔皆和氣 自隨地有春風矣
거득차중지빙탄　즉만강개화기　자수지유춘풍의

하늘의 운행인 추위와 더위는 피하기 쉬우나

인간 세상의 뜨겁고 찬 변덕은 억제하기 어렵고

인간 세상의 변덕은 억제하기 쉽다 해도

내 마음의 변덕은 억제하기 어려우니라.

이 가운데 변덕을 억제하게 되면

곧 가슴 가득히 모두 온화한 기운이 될 것이니

스스로 가는 곳마다 봄바람이 불게 되느니라.

134.

茶不求精而壺也不燥 酒不求冽而樽亦不空
다 불 구 정 이 호 야 부 조　주 불 구 렬 이 준 역 불 공

素琴無弦而常調 短笛無腔而自適
소 금 무 현 이 상 조　단 적 무 강 이 자 적

縱難超越羲皇 亦可匹儔嵆阮
종 난 초 월 희 황　역 가 필 주 혜 완

차(茶)는 정제(精製)된 것을 구하지 않나니

차 단지가 또한 마르지 않으면 되고

술은 맑은 것을 구하지 않나니

술통이 또한 비지 않으면 되느니라.

소박한 거문고는 줄이 없으나

항상 고르고

짧은 피리는 구멍이 없으나

스스로 즐기나니

비록 복희(伏羲)⁶¹⁾ 황제는 초월하기 어렵다 해도

또한 혜완(嵆阮)⁶²⁾ "죽림칠현(竹林七賢)"은 필적할 만하니라.

---

61) 복희(伏羲): 고대 제왕(帝王)의 이름. 성은 풍(風). 팔괘(八卦)와 서계(書契)를 만듬.

62) 혜완(嵆阮): 진(晉)의 혜강(嵆康)과 완적(阮籍), 산도(山濤), 향수(向秀), 유영(劉伶), 왕융(王戎), 완함(阮咸)의 일곱 사람 중 혜강(嵆康)과 완적(阮籍)을 이름. 노장(老莊)의 무위(無爲) 사상(思想)을 숭상(崇尙)하고 청담(淸談)으로 세월을 보내자, 당시 사람들이 추앙(推仰)하여 죽림칠현(竹林七賢)이라 하였다.

菜根譚、後集、一三四、

茶不求精而壺亦不燥．酒不求冽而樽亦不空．素琴無絃而常
調．短笛無腔而自適．縱難超越羲皇．亦可匹儔嵇阮．

차는 정제된 것을 구하지 않나니

차 단지가 또한 마르지 않으면 되고

술은 맑은 것을 구하려 하지 않나니 술통이

또한 비지 않으면 되느니라

소박한 거문고는 줄이 없으나

항상 고르고

짧은 피리는 구멍이 없으나

스스로 즐기나니

비록 복희황제는 초월하기 어렵다 해도

또한 혜완 "죽림칠현"은 필적할 만하니라.

135.

釋氏隨緣 吾儒素位 四字是渡海的浮囊
석 씨 수 연　오 유 소 위　사 자 시 도 해 적 부 낭

蓋世路茫茫 一念求全則萬緒紛起
개 세 로 망 망　일 념 구 전 즉 만 서 분 기

隨寓而安則無入不得矣
수 우 이 안 즉 무 입 부 득 의

불가(佛家)는 "수연(隨緣)[63]"이라 하고

우리 유가(儒家)에서는 "소위(素位)[64]"라 하니

이 네 글자는

이대로 고해(苦海)를 건너는 뗏목이니라.

대개 세상길이란 아득하다 보니

일념(一念)[65]이 온전하기를 구하지만

곧 만 갈래로 실마리가 헝클어져 일어나리니

경우에 따라 편안히 하게 되면

곧 들어가는 곳마다 얻지 못할 곳이 없느니라.

〈채근담(菜根譚) 종(終)〉

---

63) 수연(隨緣): 인연(因緣)을 따름. 또는 자연(自然)에 맡김.

64) 소위(素位): 현재 처해 있는 지위.

65) 일념(一念): 시작도 없고 끝도 없이 이어지는 한 생각.

한조(寒照) 신흥식(辛興植)

나의 정신적 편력은

도가(道家)의 무위사상(無爲思想)에 오랫동안 골몰하였고

때로는 유가(儒家)의 도덕이념(道德理念)에 매달려 좌고우면(左顧右眄) 하다가

이후 불가(佛家)의 선사상(禪思想)에 흠뻑 빠졌다.

취미로 한시(漢詩)와 한중일(韓中日)의 선시(禪詩)를 암송(暗誦)하였고

습작(習作)으로 번역(飜譯)을 하게 되었다.

여가(餘暇)엔 인연(因緣) 따라 몇 점의 비문(碑文)도 쓰고

금니(金泥)와 경면주사(鏡面朱砂)로 사경(寫經)을 하여

경향(京鄕)의 사암(寺庵), 복장의식(腹藏儀式)에 수차(數次) 참여하였다.